AF276093

Lord Byron
su vida y su genio

Emilio Castelar

www.archivosvola.es

rescatando el acervo

Emilio Castelar: *Vida de Lord Byron*
Imprenta La Propaganda literaria, La Habana 1873

© Archivos Vola, Madrid, 2025

Todos los derechos reservados

ISBN: 978-84-129820-4-6

Hecho en México

GEORGE GORDON BYRON
(Londres, 1788 - Mesolongi, 1824)

EMILIO CASTELAR

(Cádiz, 1832 - San Pedro del Pinatar, 1899)

Lord Byron

Primera parte

Paseábame ayer, cuando se ponía el sol, por los inmensos espacios de Hyde-Park, y paseábame recordando mis recientes visitas al Lido de Venecia, a la bahía de Nápoles, o volviendo mis ojos, humedecidos por las lágrimas, a los lejanos horizontes de Cádiz, donde las aguas y los cielos se confunden amorosos en una fiesta de colores, y a los bosques de Elche, donde las palmas, agitadas por las brisas marinas, componen melancólica melodía unísona, digna del desierto. Cuán diversos estos paisajes del paisaje inglés, tantas veces descrito por grandes poetas y nunca comprendido sino por la experiencia de la propia vista. El suelo es verde, esponjoso, húmedo; el cielo sombrío, pardo, lleno de vapores, ya blanquecinos, ya tirando a violeta, a través de cuyas masas, destila una luz indefinible, pálida, como si proviniera de colosal luna; los árboles, elevándose a inmensa altura, tienen claro verdor y caprichosos recortes, cuya gracia y cuyo misterio se aumenta entre los pliegues de las nieblas que prestan su misterioso velo, allá lejos, a las ojivas de la Abadía de Westminster y a las góticas torres del Parlamento, las cuales parecen, merced a su fantástica envoltura de vapores, no tanto sólidos edificios, como extraños dibujos, aguas fuertes, sombrías estampas trazadas por algún genio en el acuoso aire y próximas a disiparse como nubes. ¡Cuán diferentes son los objetos en el Norte y en el Mediodía! A nuestra luz, una línea se inflama y parece un cuadro; a esta luz, un edificio se desvanece y parece una sombra. Por eso los griegos, los grandes intérpretes del Mediodía, han hecho sus monumentos pequeños y bajos, dejando a la luz el cuidado de extenderlos y elevarlos en sus alas de oro, mientras los ingleses, los grandes intérpretes del Norte, han hecho sus monumentos colosales, altos, para que penetraran con sus agudas agujas y sus sólidos muros en la espesa atmósfera y: disiparan un poco las sombras. Esta no es la atmósfera de las artes plásticas. Una figura de mármol, que el sol de Italia dora hasta darle el calor y el tono de la carne, se convertiría pronto aquí en pedazo informe de carbón de piedra. Por eso, cuando en breve espacio de tiempo, habéis pasado, desde la contemplación de las estatuas blanquecinas de Chiaja, ocultas entre los bosques de olivos y laureles, iluminadas por aquél sol deslumbrante que se duplica en las celestes aguas del Tirreno, a la contemplación de estas negras estatuas de los paseos de Londres, apenas podéis deteneros a mirarlas, porque hieren vuestra retina y desconciertan todos vuestros dogmas sobre el gusto y el arte. Las estatuas del Mediodía conservan lo que es en ellas eternamente hermoso, la forma; y los héroes del Norte, en sus estatuas, pierden lo que es en ellos eternamente grande, el alma. Estos países no son los países de las artes plásticas; pero son los países de la poesía espiritualista. Aquí se pueden resucitar los héroes de otras edades como los resucitaba Walter Scott; aquí se puede penetrar hasta el fondo de los abismos ocultos en nuestro ser, hasta el fondo del corazón y de la conciencia, como penetraba ese buzo inmortal de los océanos del alma, como penetraba Shakespeare. Inmediatamente que tocáis estas playas, os sentís movido, según vuestro temperamento, si sois fuerte y nervudo, al trabajo; si sois emprendedor, al comercio; si sois filósofo, a pensar; y a soñar si sois poeta. En estos países, o en países muy semejantes a estos, se han escrito las creaciones de Swift, de Hoffmann y de [Jean Paul] Richter. Estos son los países en que el cuerpo se pierde como un ángel en cielos infinitos e ideales. Este es el país de Byron.

¿Por qué no pensar en él, cuando acabamos de ver su hogar? ¿Por qué no recordar su vida, cuando volvemos de visitar su tumba? ¡Debemos todos los hijos de este siglo incierto y enfermo tantas emociones a Byron! Ya una súbita revelación de nuestras dudas, ya un quejido desgarrador para expresar nuestros dolores; como si fuera su boca la fuente por donde fluyen los caudales de nuestras ideas, las corrientes de nuestra vida. El genio de Byron, que aparece a principios del siglo, es como un genio funerario, pero esculpido sobre nuestra cuna. Consideremos su interesante vida, y luego examinaremos sus obras y apreciaremos su genio; sublime conjunción de las formas escultóricas antiguas, con la idealidad moderna principalmente encamada en los países del Norte.

Su raza es de origen escandinavo. Su genio venía virtualmente entre las espumas y los huracanes de los mares del Norte, volando sobre las barcas de cuero de los normandos. Sus padres, las tribus hijas del Polo, azotadas por el huracán, después de haber pasado por Francia, se trasladaron como en alas de su inquieta ambición, a las tierras de aquende el estrecho. Entre los compañeros de Guillermo el Conquistador se encuentra el jefe de su familia, uno de los señores territoriales de Nottingham. La tierra más rica y más bella poseída por su familia, fue la tierra de Rochdale, en cuya posesión entró por los tiempos de Eduardo I. Su raza ha errado por los desiertos de hielo y las selvas del Norte, henchidas de misteriosa poesía; ha combatido en la inmensidad de oscuros mares las mugientes olas y los desatados vientos; ha corrido, inspirada por la fe sencilla de la Edad Media, sobre el trotón guerrero, la fuerte lanza al brazo, su escudo señorial en el pecho, a buscar el sepulcro de su Dios entre las encendidas arenas del Oriente; ha sustentado el duelo caballeresco secular entre su patria y Francia en los campos de Crecy; ha reposado en castillos soberbios, defendidos contra sus rivales por las almenas, contra sus siervos por la horca, y contra sus reyes por los privilegios; ha matado frailes en tiempo de Enrique VIII en la Gran Bretaña, para servir al cisma, como árabes en tiempo de Ricardo en el desierto, para servir a la Iglesia; y luego ha entrado formidable en el Parlamento, donde sin quererlo y sin saberlo, defendiendo sus excepciones señoriales y su blasón aristocrático, ha contribuido, como toda la nobleza británica, a echar las bases de los derechos modernos, siempre acompañada de aquel genio altivo y aquella independencia individual, su patrimonio hereditario desde los hielos del Polo. Pero cuando las propiedades de esta romántica familia llegan a manos de Byron, oh! llegan arruinadas, deshechas. Esta ruina comienza ya en los tiempos de Jacobo I, en que uno de sus predecesores se da a la vida fastuosa de la Corte, y para sostener esta dispendiosísima vida, a los préstamos que cancerarán con la usura sus tierras. Otro servirá fielmente en sus desgracias a Carlos I. Las guerras civiles acabarán de arruinarlos a todos. Las viejas águilas, sin plumas casi para calentar sus nidos, se van al secular torreón medio desplomado, por cuyas hendiduras entran los lagartos y las nieblas. Allí se arrastran en la miseria, aun-

9

que embriagadas por el orgullo. En 1750 rompe esta familia un poco el sudario del olvido. El abuelo del poeta ha sufrido un dramático naufragio que llama profundamente la atención de Inglaterra. En 1765 uno de sus tíos, el que lleva el título hereditario de Par, recogido después por el poeta, mata en riña, más que en duelo, a uno de sus parientes, y cuelga del cielo de su cama, como un trofeo, la espada homicida que debiera herir su conciencia y su vista como un remordimiento.

La Cámara de los Lores, llamada a entender en su crimen, le absuelve; pero la opinión le condena. Entra en su castillo, se aísla, aúlla como un lobo encerrado, se esquiva a las gentes como un ave nocturna, de día caza jabalíes, de noche educa grillos, adiestrándolos en evoluciones a fuerza de castigos e industriosa paciencia; y siempre muestra odio a la humanidad, humor reconcentrado y violento, extravagancias que confinan con la locura. El padre de Byron se casa dos veces, la primera por amor, la segunda por interés. Robó a Lord Carmartheu su mujer. De aquí un proceso, del proceso un divorcio, y del divorcio el casamiento con la esposa de su víctima. En esta mujer tuvo a Augusta, hermana mayor, tiernamente amada por el poeta. Viudo de su primera mujer, se casa en segundas nupcias con Catalina Gordon. De estas nupcias nació el gran poeta, engendrado en el dolor, parido en un hogar de continuo zozobrante, al empuje de graves disgustos matrimoniales. El padre de Byron se casó por vivir alegremente con la fortuna de su mujer, que le adoraba hasta el frenesí. En dos años desapareció esta fortuna. Para ocultar su miseria, partiéronse a Francia. Lady Byron, no pudiendo sufrir más tiempo el desamor de su esposo, que se aumentaba con las horribles penalidades de la escasez, vínose a Londres, herida en sus más caras afecciones, desesperada del porvenir, enamoradísima de su marido; pero encontrando en este amor una fuente ponzoñosa de dolores. En tan horrible situación, parió al poeta que Goethe debía en su poema pintar como hijo de Fausto y Elena, caído del cielo al cieno, pero conservando sus alas místicas, su lira de oro en las manos, y el resplandor de su divina belleza en el olímpico rostro. Byron notaba que en su familia los matrimonios producían frutos únicos. "Las alimañas feroces, las tigres, las leonas, añadía el poeta, paren poco." Largo tiempo rehusó nacer, como si temiera el mar de la vida, que debía agitar con sus pasiones, oscurecer con sus dudas y rizar también dulcemente con el céfiro de sus cantos. Fue necesario arrancarlo como por violencia a las entrañas de la madre, en las cuales parecía haberse fabricado ya una tumba. Cuando tocó la tierra, aquél ser nacido para volar por lo infinito, su pié se encogió como si la tierra le quemara. Fue desde su niñez cojo.

Este hogar tempestuoso, este nacer rebelde, este padre disipador, este tío asesino, esta madre amargada que había perdido las dulzuras de su sexo en las espinas de su dolor, esta sangre hirviente, agitada, como las olas del mar por donde anduvieran errantes los normandos, esta cuna mecida por la desesperación y regada eternamente de lágrimas, esta decadencia de una familia ilustre que parecía próxima a extinguirse en su último representante, esta cojera accidental, por la que sintió penetrar hasta su corazón mil veces el helado filo del ridículo, todas estas desolaciones le inspiraron aquella elegía eterna encerrada en sus versos, como una continuación no interrumpida del primer amargo sollozo de su existencia.

Hay un ser que puede dulcificar todos estos dolores, que puede destruir todas estas tristes asperezas, la madre. Dios nos la ha dado para poner una gota de miel con sus puros besos en el acíbar de la vida. Dios la ha enviado, junto a la cuna, para que al abrir los ojos, oculten las alas de su amor toda la oscuridad del horizonte en que vamos a batallar para conquistarnos la muerte. Dios ha querido que sus manos plieguen nuestras manos, para las primeras oraciones, y que su sonrisa sea la aurora de lo infinito para la esperanza. Ella es la virtud, la caridad, la parte tierna del corazón, la nota melancólica del alma, el fondo inmortal de inocencia, que siempre queda hasta bajo los pliegues y repliegues del más cruel carácter. Cuando sintáis un buen impulso en el corazón, el deseo de enjugar una lágrima, de socorrer una desgracia, de partir vuestro pan con el hambriento, de lanzaros a la muerte por salvar la vida del prójimo, volveos, y encontrareis a vuestro lado, como el ángel de la guardia que os inspira el pensamiento del bien, la sombra querida de vuestra madre. La razón, los libros, las escuelas, el padre, nos dan las ideas: los sentimientos siempre los dan las madres; el carácter, siempre las madres lo forman. Catalina Gordon pudo dulcificar con su educación la hiel de la vida de Byron. El Titán necesitaba ser cincelado, para corregir sus monstruosidades, por los brazos de una madre. Pero Catalina, extraña, desigual, orgullosa, no sintiendo otra pasión que el amor de su marido, y la tristeza de no ser correspondida, arrojó moralmente con desden su hijo al fonda de los abismos del mundo, como si le molestara aquél recuerdo vivo de su amor y de su desgracia. El padre, amistosamente divorciado, no iba al hogar sino para estafar a su esposa; y no miraba al niño sino para decirle con amargura que se parecía a él mucho, y darle algún golpe o algún regaño por toda señal de su cariño. Byron ha querido ocultar estas tristes verdades; pero se desprenden de toda la historia de su vida. En 1791 murió su padre, que, en medio de su disipación y de sus locas pasiones, guardaba cierto fondo de bondad, realzado por una singular y varonil hermosura. Sus dos mujeres le amaron con delirio. La primera, después de haberse por él separado de un opulento marido, murió por seguirle, estando enferma, en sus correrías de caza. La segunda, la madre de Byron, guardó su pasión por él con una fidelidad inquebrantable y le lloró muerto con un dolor indecible. En esta educación extraña, Byron tenía una fuente de inspiraciones, la lectura de la Biblia, que daba vigor al carácter poético de su alma con los versículos de los profetas. En algunas de sus obras se ve ese genio áspero, severo, monótono como el simún, uniforme como el desierto, pero solemne como la inmensidad y sublime como la idea de Dios: ese genio semítico encerrada por Isaías en sus admirables obras y reproducido por Miguel Ángel en las adustas facciones de su Moisés, cuya barba, enroscada como la tromba de una catarata, agita el tempestuoso viento del Sinaí. A estas inspiraciones viriles se cruza la vida de campesino, de montañés; pues desde Londres, donde naciera Byron, llevólo su madre al campo, a Aberdeen. Allí, antes del alba, cuando al grito agudo del gallo seguía el cántico melancólico de la alondra, andaba sólo con el pretexto de la caza, a ejercitar sus fuerzas y a llevar su genio vagabundo por las orillas de los precipicios, por las cimas de las montañas, por las cavernas donde todavía se oye la voz de los dioses de sus padres, para inspirarse en los espectáculos de la naturaleza, y unir su vagido de poeta a la voz del universo.

A estas aficiones campestres debió su habilidad en todos los ejercicios del cuerpo: la caza, la carrera, la gimnasia, la barra, la pelota, las armas, el nadar, el cabalgar. Cuando le comparaban con Rousseau en su vida privada, defendíase poniendo en parangón la debilidad del filósofo ginebrino con su robustez; lo desmañado y flojo de aquel cuerpo, con su habilidad en todos los ejercicios corporales; los hábitos aristocráticos de elegancia de Rousseau, con lo desceñido y descuidado de su vestir.

Bien pronto en cuerpo tan vigoroso, carácter tan enérgico e imaginación tan exaltada, debía nacer el amor. En los primeros años de la vida, se ama sin conciencia y sin que se despierten los instintos de la naturaleza. No advertís que habéis amado sino tarde, cuando experimentáis las pasiones profundas. Entonces recordáis que preferíais jugar entre todas con una niña, que a su lado os sentíais bien, muy bien; que la buscabais con los ojos por todas partes; que siempre venía tarde y siempre se iba pronto, que soñabais con ella en vuestro inocente lecho, y que al despertaros, preguntabais por ella, siendo el primer deseo encontrarla y el primer dolor despedirla. Byron ha expresado admirablemente este fenómeno psicológico, diciendo que había amado antes de conocer el nombre del amor. No fue otra pasión ese culto de Dante por Beatrice, la niña que había visto en su infancia sonriéndole, que al entrar en la juventud vio coronada con las flores de la muerte, y que vio después cruzar sobre el infierno de su vida coronada por las estrellas del cielo. María Duff fue la Beatrice de Byron, su primer amor a los doce años. Reíase su madre, burlábanse los padres de la niña y los amigos de ambas casas; pero Byron la amaba triste y gravemente, sin tener conciencia de sí mismo, y sin que ningún pensamiento impuro penetrara en el paraíso de su alma. Cuando ella le dio su retrato, una copia de su blancura, que envidiaría la nieve, de sus rosadas mejillas, de sus rubios cabellos, caídos en bucles sobre la espalda, de sus azulados ojos, Byron le dijo en uno de sus primeros versos, que prefería aquella hermosura dibujada en el lienzo, muerta, a todas las hermosuras vivas, a excepción de la que había puesto aquel retrato sobre su pecho. Esta inquietud de su alma, esta precocidad de todos los sentimientos, esta eflorescencia anticipada de la vida; la lectura de los profetas, que despertaban no aprendidos cantos en su fantasía; las páginas de la historia que le arrastraban a conversar con los héroes de otros tiempos, y a verlos pasar evocados por sus ideas; el amor prematuro que le sonreía ya en la niñez, como uno de esos árboles floridos antes de la primavera; sus paseos solitarios a las cimas de las montañas para ver primero que los demás mortales el sol y para seguir con la vista errante el vuelo de las nubes y de las águilas, y recoger en su oído el rumor de las selvas y de las cascadas; todo esto eran señales de esa enfermedad febril que se llama genio; de esa sed infinita por un ideal nunca alcanzado; de ese dolor que sienten los artistas, dolor de todos los momentos, dolor sin tregua, perseguidor implacable hasta en el reposo del sueño, engendrado por la desproporción inmensa que hay entre la idea soñada y la idea realizada, entre la hermosura concebida por la mente en su pureza y la hermosura amortiguada en las palabras y en las formas; mal devorador de que todos sufren, y de que todos mueren; su gloria, pero también su torcedor y su tormento.

Byron, este grande enfermo, independiente por carácter, original por su genio, educado en el libre seno de la madre naturaleza, iba a encontrarse en bien temprana edad, metido en la jaula de una de esas sociedades que templan las enérgicas nativas fuerzas de su libertad con el rigor de las costumbres. En donde quiera que la libertad es grande, la costumbre es imperiosa. Donde falta el freno de la ley escrita, pone el tácito asentimiento de todos, el freno de sus leyes convencionales. En ninguna parte de Europa el individuo es más libre, su hogar más seguro, su conciencia más respetada, su palabra y su idea más independientes que en esta Gran Bretaña, eterno objeto de nuestra admiración; pero en ninguna parte las costumbres son más tiránicas. El *sans façon* francés, el descuido nuestro, la facilidad con que suprimimos todo ceremonial, la ligereza con que salvamos todas las distancias, la familiaridad de nuestra conversación y de nuestras maneras no se conocen aquí, en Inglaterra. Y no creáis que me pongo de nuestra parte. Yo daría un tantico de nuestras costumbres niveladoras e igualitarias, a cambio de otro tanto de la libertad inglesa, que jamás he visto practicada ni en Francia ni en España. Yo amo igualmente la libertad y la igualdad; no las concibo divididas; las creo, no condiciones, esencias de la justicia. Pero separadlas y dadme a elegir una de las dos: yo opto por la libertad. En Francia hay más igualdad que en Inglaterra. En Inglaterra hay más libertad que en Francia. Yo opto por Inglaterra. Aquí, sin ser ciudadano inglés, me hallo en mi casa, bajo el amparo de las leyes inglesas, que se cumplen tan rigurosamente como las leyes de la naturaleza. En Francia me hallo a merced del comisario del barrio e ignoto si el conserje que me abre la puerta de la casa es de la policía secreta. No conozco un monstruo más terrible que un gobierno arbitrario. Un tigre puede rasgarme las carnes: el despotismo desgarra la conciencia. Pero es necesario comprender que la libertad no es un don gratuito y un objeto de juego y de lujo: se obtiene con una grande madurez de juicio, y se consolida con una grande severidad de costumbres. Los pequeños sacrificios que pueda exigir en la sociedad, se compensan sobradamente con esa dignidad tan necesaria para los pueblos y tan satisfactoria como la voz de la conciencia tranquila y virtuosa para los individuos.

Así, las libertades inglesas hallan su contrapeso natural en la rigidez de las costumbres, que se impone sin necesidad de leyes, ni autoridades, por la fuerza social. Es dificilísimo explicar esta idea a los hombres habituados a vivir en el despotismo. En mis ya largos viajes por Europa, he encontrado muchos rusos, y entre estos rusos uno sólo reaccionario. Este trataba de probarme una tesis bien singular, a saber: San Petersburgo es más libre que Nueva- York. Debe advertirse que el ruso era un príncipe, pero un príncipe músico. La razón que me daba para sostener su tesis me provocaba a risa; en Nueva- York no se puede tocar el violín en domingo. Efectivamente, imposible que los meridionales comprendan jamás cómo se celebra el domingo en los pueblos anglo-sajones: diríanse muertas las ciudades, embargada, al menos, el habla, de sus habitantes por veinte y cuatro horas. Imposible que comprendan todo el largo ceremonial de las costumbres inglesas: los toques a la puerta, las reverencias de rúbrica, los complicados tratamientos, según las diversas categorías; en fin, todas estas infinitas trabas con que el instinto disciplina el individualismo anglosajón, para apartarlo de la anarquía, para impedirle el desorden.

He aquí a Byron, independiente por naturaleza, orgulloso en su genio, educado en las montañas, y de pronto metida en una sociedad complicada y ceremoniosa. Hé aquí a Byron, que se cree superior a cuantos le rodean, forzado a bajar la frente, a doblar la espina dorsal para someterse a las preocupaciones generales. Su verdadero hogar había sido la caverna osiánica, desde donde veía levantarse los astros o formarse las nubes con los vapores del valle, al son del viento que agitaba la cabellera salvaje de los pinos y recogía los mugidos de las cataratas mezclados con el aullar de los lobos y el grito agudo de las águilas. Su única profesión había sido saltar, correr, como para desmentir su cojera; ejercer sus fuerzas a la manera que los jefes de los antiguos Klanes de Escocia; confiar, como los bardos, sus cánticos a los giros del viento, a las alas del aire; errar por los desfiladeros para bañar su alma en los plateados rayos de la luna; subir a la cuna de las montañas, como para alcanzar con la mano lo infinito, ese infinito que tenia tan cerca de sí en su alma, abrumándolo con su peso, como abruman todas las grandezas humanas. Este ser extraño, salvaje por el carácter, montañés por las costumbres, poeta por el genio sublime, y por lo mismo incomprensible, iba a caer en la sociedad más mecánica del universo y a sentirse destrozado por los dientes de sus ruedas. El destino, que le sonriera, dándole, por muerte de su tío, la dignidad de par hereditaria, le castigaba a ser aún más obediente a las costumbres inglesas. Recibióla con grande contento y no le previno su instinto que esa dignidad sería su cadena. Así de las humildísimas escuelas de Aberdeen, donde aprendiera las primeras letras y el latín, pasó al colegio de Harrow. La vida en común no se apropiaba a su genio, que a la manera de los altos picos, se dibujaba en la soledad. La disciplina del colegio todavía cuadraba menos a su nativa libertad de carácter. Sus conveniencias eran inconveniencias, sus gustos particulares generales disgustos. A mayor abundamiento, el maldito pié le hacía sufrir. Pero más aún que la enfermedad, las varias curas; más que las curas, el ridículo. Hasta su madre se burlaba de la cojera del gran señor, que no podría escalar la tribuna, ese pedestal de la aristocracia inglesa, sino tambaleándose como un borracho. Todas estas contrariedades derramaban a torrentes en su alma esa hiel que luego destilaron sus versos: hiel mezclada en grande cantidad a toda la levadura de la vida de su siglo. Así, cuando podía desasirse de las obligaciones disciplinarias, y leer a su gusto, devoraba libros de viajes para detenerse en las páginas de los naufragios, como buen nieto de normandos, como hijo digno de ingleses. Allí, acalorando su fantasía, mezclaba el bramido de sus tempestades interiores, el hervor de sus pasiones, el relampagueo de sus ideas, el rayo que taladraba sus sienes, con las olas hirvientes, con los huracanes desatados, con la batalla de los vientos y las aguas, con lecho que de las frágiles tablas contra los escollos, con los clamores desesperados de los náufragos. Concíbese fácilmente qué su primera traducción fuera el prólogo del Prometeo, nacido, como él, con la llama celeste en la frente, como él, encadenado a la tierra, en lucha con el orgullo de los dioses y la ingratitud de los hombres. A un mismo tiempo la savia que corría por todo su ser, se acumulaba en el corazón y en la cabeza. Así, amaba a sus amigos del colegio y odiaba a sus enemigos con furiosa pasión. Y como a pesar de su nacimiento aristocrático y de su orgullo de lord, tuvo siempre tendencias reformadoras y progresivas, odió la tiranía de los fuertes, y entusiasmado por la emancipación de los débiles, se interponía para impedir -que los recién llegados fuesen perseguidos y maltratados por sus compañeros, como allí era de antigua usanza. Una vez, cierto colegial de mucha edad y mucha fuerza había decretado, en compañía de otros, atormentar a un enfermizo, pobre niño, con un número determinado de golpes. Cuando estaban mediando su cruel tarea, llegó Byron corriendo, se echó a sus pies, y dijo: "Dejadle a él, y yo sufriré la segunda mitad de los golpes."

Mas a estos arrebatos del corazón, unía extravagancias infinitas. Ignoraba que al genio solamente le es dado desplegar todas sus alas allá en las altas cimas de las ideas. Ignoraba que los hombres de poderosa imaginación suelen ser como las aves de poderoso vuelo, inhábiles para andar por la tierra. Su cojera le inspiraba actos de desesperación cercanos a la demencia. Apenas sentía su cojera moral, no menos triste. Artista, y artista plástico, gustábale imitar el reposo de las estatuas antiguas, eternamente serenas en la bienaventurada perfección de sus formas. Pero ¿qué serenidad estatuaria es dado tener a un cojo? La modestia de su traje podía ocultar la imperfección de su cuerpo. Mas chocaba con el gusto inglés, vistiéndose lujosamente a la oriental, con seda crugidora y matizada, gasas de oro y plata, turbantes sembrados de pedrería, la roja faja al cinto cargada de cuchillos y pistolas con maravillosas cinceladuras, imitando así de antemano esa legión de héroes y leyendas orientales que llevaba en su cabeza y que debía más tarde pintar en sus versos. Especialmente vestía así en sus primeras vacaciones, allá por los años 1802, en Bath, donde comenzaron esas orgías en que debiera malgastar tanta vida y, por consecuencia, tanto genio; porque en Byron, vivir era pensar, era idear, era producir, era cantar.

Faltándole el amor maternal, sus amigos de la infancia pudieran moderar sus ímpetus con sabios consejos, y sobre todo, con sabios ejemplos. Pero tuvo la desgracia de que todos aquellos amigos, moderados en conducta, prudentes en carácter, conocedores del mundo, flexibles para tejer su vida sin cortar el hilo de sus pasiones en el cilindro de la sociedad inglesa; todos esos jóvenes de talento analítico y de experiencia, murieron pronto y le dejaron abandonado al torbellino de su genio, a las ráfagas de sus fantásticas ideas, que formaban una espiral gigantesca a su alrededor, impidiéndole oír la voz de la sociedad. Byron los había llorado tiernamente. Como él decía, si el llanto pudiera alguna vez desarmar a la muerte, forzarla a devolver la vida robada, resucitarían sus amigos a sus desgarradores sollozos.

Pero si la muerte le había robado sus amigos, si había querido que el genio de una madre no fuese tan dulce para él como para el resto de los mortales, todavía era capaz de salvarle una pasión, la pasión de los milagros, el amor. Mas todo había de ser trágico en la vida de este hombre.

El amor primero de su infancia murió, desvaneciéndose a la manera que se desvanecen esas figuras fantásticas dibujadas por la fiebre en las retinas encendidas como hornos. Y, por su mal, se enamoró de Miss Chaworth, joven hermosa, perteneciente a la familia enemiga de su familia. Su tío, el jefe de la raza de Byron, había matado al tío de su amada, al jefe de la raza de Chaworth. Abríase, pues, entre los dos un abismo como el que separaba a Julietta y Romeo. Un cadáver se interponía entre los dos corazones. Byron no quería quedarse por las noches en el castillo habitado por su amada, temeroso de que los retratos de sus antepasados se animaran, y fueran a la armería a ceñirse sus antiguos arreos de pelear, para herir al descendiente último, al representante único de la estirpe odiosa cuyas sacrílegas manos los había salpicado de sangre en el seno mismo de la muerte. Pero cuando su amada salía, cuando le era dado verla a la sombra de los grandes árboles, sobre la fresca hierba del prado, más ligera que la niebla, enviándole de su frente un resplandor tan dulce como el resplandor de la luna llena, y trayéndole en sus ojos el azul cielo oculto siempre tras las nubes, todo su ser se calmaba como el océano al beso de la brisa, y su poesía soñadora e inquieta callaba vencida por la realidad. El poeta de genio necesita indudablemente estas armonías de la vida para elevarse a los grandes principios generales de su siglo, y cantar como Homero los objetos, o como Shakespeare las pasiones, o como Calderón las ideas, o como Goethe las ciencias, antes que sus propios sentimientos. Quién sabe si, preso en aquél amor, detenido en el encanto de una pasión serena, sin las tempestades que lo asaltaron, sin las dudas que lo persiguieron, hubiera sido Byron el poeta objetivo capaz de damos el poema cíclico de nuestra edad, en vez de ser el poeta subjetivo que nos ha dado pedazos de su corazón palpitantes y sangrientos. La bella heredera de la familia Chaworth tenía diez y seis años a la sazón, dos más que su rendido amador. El niño comenzaba a pensar como hombre; se proponía casarse, reconciliar en su lecho nupcial hasta los manes de dos familias enemigas; juntar gloriosos títulos; acumular feraces propiedades; engendrar en el amor, con la mezcla de aquellas dos puras sangres inglesas que dimanaban de las venas de una misma raza, héroes, marinos, oradores, dignos de sostener su nombre en esos dos agitados elementos de la grandeza británica: en las asambleas y en los mares.

Con qué sencillez, propia de las *Confesiones* de Rousseau, ese eterno modelo del arte de las confidencias, describe Lord Byron sus entrevistas en las colinas coronadas por una diadema de árboles; sus paseos por los lagos, y sobre toda, aquél en que la barca donde los dos iban, se apartó de todas sus compañeras para pasar, primero, por la boca de una caverna tan baja que les obligó a tenderse en el fondo de aquél lecho flotante, sobre las aguas cristalinas, como sus dos alteas, lecho de castos, de platónicos amores, apenas expresados por la luz de una mirada, por la tristeza de un suspiro. Pero aquella joven le hacía padecer cruelmente. El noble lord no bailaba. Y su amada bailaba con sus amigos, que tenían el privilegio de ceñir aquella cintura, a la cual nunca se hubiera podido acercar Byron sin que todos sus nervios temblaran como sacudidos por el rayo. Mientras la dichosa pareja valsaba, el poeta se daba golpes en el corazón, temiendo que en todos los salones resonasen sus fuertes latidos. Y a pesar de no haberse nunca formalmente declarado, era comprendido. Sabe sondear muy bien la mujer el abismo de una mirada. Y era comprendido hasta el punto de recibir un retrato, que en aquél tiempo era una respuesta de amor. Pero un día creyó volverse loco. Atisbaba a un grupo de jóvenes, entre las cuales se encontraba Miss Caworth. Naturalmente, la conversación era de amores. Sus amigas le hablaban del Lord, de sus prendas, de su hermosura, y de las miradas y los suspiros que habían sorprendido. Miss Caworth, sin desconcertarse, con la serenidad de la indiferencia, dijo esta cruel frase: - "Me ofendéis, creyéndome capaz de interesarme por ese muchacho, por ese cojuelo." - En dos palabras había definido las dos mayores distancias que, según Byron mismo, separaban al poeta de su ventura: la niñez y su defecto; aquél horrible defecto, la primera de sus desgracias, el mayor de sus dolores. Pero oír aquello de boca de su amada, oírlo cuando menos lo esperaba, oírlo en el momento en que los proyectos más halagüeños se desplegaban como un panorama infinito en su fantasía, en el momento en que iba a rendirse a sus pies, a mostrarle el fondo de su corazón velado por profundísimo respeto; oír esta cruel sentencia de muerte para su alma enamorada, anhelante, para sus ansiosísimas esperanzas, ¡ah! era tanto como caer del cielo en el instante mismo de tocar su dintel y entrever la luz, al fondo del infierno. Byron se encontró en este momento transformado, sólo con su dolor, desnudo de su esperanza, tendido sobre el hielo, en una noche de espesas tinieblas, y sin más confidente de sus penas y de sus angustias que el aire tenebroso, cuyas vibraciones repetían sus desgarradores lamentos, en vano ahogados dentro del roto pecho de su varonil voluntad. La desesperación fue tan grande como su amor. Salióse del castillo, corrió por la campiña sin saber a dónde: todo sueño huyó de sus párpados, toda tranquilidad de su alma. El mundo le parecía vacío, y vacío el cielo; hubiera bendecido la muerte, a estar seguro de que la muerte satisfacía su primer deseo: la nada. En 1805, aquella mujer tan querida se casó con Mr. Tolin Munster. El reconcentrado dolor del poeta se conoce perfectamente en los breves y sencillos versos consagrados a este doloroso suceso. En vez de pintar su pasión, la intensidad de su amor rayando en locura, la belleza de su amada, bastante poderosa a excitar todos sus deseos en toda su viveza, la felicidad del rival afortunado que la posee sin comprenderla, acaso sin amarla, y que se desposa pisando el corazón del poeta, hiriendo todas sus fibras, envenenándolo con la ponzoña de unos celos abrasadores como el plomo derretido y duraderos como la eternidad; en vez de entregarse a todas las furias de una pasión malograda, de un deseo sin cumplimiento posible, de un amor sin esperanza, se contenta con decir melancólicamente, que no verá más la colina, teatro de sus entrevistas, los árboles, testigos de sus juramentos.

En esto, la niñez de Byron se acababa, y comenzaba su juventud. Había entrado de una edad en otra por el desengaño, como entrara de la nada a la vida por el dolor. Al encontrarse en esta línea que separaba dos grandes segmentos del círculo de su existencia, delirante dolor le poseía. Su fortuna era inútil, su ilustre nombre odioso, los cortesanos que acompañan toda grandeza incómodos, la sociedad embarazosa y triste como las paredes de un calabozo, la gloria imposible, ia amistad muerta; su amor en poder de jun rival afortunado; tomar a sus montañas, vagar en la -sombría soledad, saltar sobre el azul torrente, era todo su deseo; o si no, tomar alas como la paloma, volar y volar sin descanso, subir y subir sin fin, hasta perder de vista el mundo, y buscar en el cielo, allá muy lejos, la paz. Forzado a separarse de su colegio de Harrow, todo lo echaba de menos y se despedía de todo con dolor; de la pradera donde había batallado con sus compañeros, de la oscura aula en que había oído los regaños del pedagogo, del teatro en que representaba creyéndose capaz de eclipsar a Garrik, y del cementerio donde iba a llorar sus amigos muertos, a escribir palabras entrecortadas como sollozos en el mármol o en los troncos de los árboles, para mirar el rayo último del sol poniente o soñar con los misterios de la vida y de la eternidad entre las sombras de la noche.

Temprano comienza ya esta desesperación de Byron, que debía pegarse a todo un siglo, como su enfermedad moral. Unos la atribuyen al clima de su patria, otros a su temperamento y a sus nervios, otros al siglo en que había nacido y cuyas puertas de bronce, enrojecidas en el fuego de las revoluciones, cierra con su nacimiento este Titán, que ya se levanta como un rebelde, ya llora como un niño, tendiendo a esos mismos cielos las manos, en demanda de una creencia, de una fe. Naturalmente, el poeta no puede representar a su siglo como el filósofo, como el orador. El filósofo escribe después de haber depurado sus dudas, un sistema que la razón dicta y que la lógica encadena: sirve, pues, a una idea. El orador eleva su vida a las alturas de su conciencia y se consagra a una causa, a una reforma. Para esto necesita concertar sus fuerzas, disciplinar su carácter, reunir sus ideas en tomo de un pensamiento capital, y tener la lógica, la consecuencia inflexible, no sólo en los discursos, sino en la vida.

El filósofo no es un artista; la inspiración no es un numen. El orador es más artista que el filósofo, pero su arte está subordinado al pensamiento, y debe seguir el raciocinio. Orar no es cantar, es raciocinar, es convencer, es persuadir. La armonía, la belleza, deben ser auxiliares del raciocinio, destinadas a conseguir más pronto su triunfo. Pero el poeta es un ser misterioso, indefinible, que se escapa al análisis como el dogma, y que se pierde de vista como el ave de la montaña, la alondra, cuando deja su nido de barro y se va por las alturas etéreas en busca de la luz que aún no despunta, mientras todos los demás seres duermen profundamente en las sombras sin presentir el nuevo día. Los poetas son liras que suenan a todos los vientos; lagos que cambian los matices al paso de cada nube; son algo de incomprensible, como las profecías, como los presentimientos, como los sueños. Las ideas más contrarías batallarán en su cabeza y saldrán a borbotones de su pluma. Su genio marchará con la fatalidad del torrente; ya humilde, ya ruidoso; ora despeñándose por las oscuras breñas en espumosa cascada, ora durmiéndose tranquilo y celeste en murmurador arroyo, para repetir las estrellas de la noches ora entrando, poderoso río, en el océano insondable de la eternidad. Así es que en un poeta podéis casi hacer el examen de conciencia de una época: podéis ver sus incertidumbres, sus dolores, sus aspiraciones, sus crisis de reacción, sus ímpetus de progreso, sus batallas internas, sus ideas. Víctor Hugo ha sido legítimamente bonapartista, romántico, doctrinario, creyente, racionalista, libre-pensador y demócrata. Pero cuando queráis buscar la leyenda de este siglo, lo que todos hemos pensado, lo que todos hemos sentido; nuestros desfallecimientos morales, nuestras cóleras en las cadenas; las esperanzas que hemos concebido por los orgullosos triunfos sobre la materia; cómo imaginamos la sociedad y cómo nos proponemos reformarla; nuestra concepción de las diversas; épocas de la historia, nuestro poema del progreso, a tanta costa escrito con la sangre de toda la humanidad; nuestras dudas, nuestros temores y nuestra fe servida con la exaltación del martirio, leed, leed a Víctor Hugo. Lo mismo es Byron. El sublime desorden de este genio se parece al desorden sublime de la naturaleza. Al lado de una cima nevada, donde la luz centellea con reflejos increíbles en horizontes infinitos, un abismo insondable; al lado de una plaza árida, un bosque perfumado por todas las flores de la tierra y henchido con los cánticos de todas las aves del cielo; pero su obra es todo el Universo, su conciencia es la duda y la fe, la afirmación y la creencia; todo su siglo. Dejémosle ahora al entrar en la juventud. Ya le veremos en su vida; ya le admiraremos en sus obras.

SEGUNDA PARTE

Vamos a reseñar el segundo período, y el más crítico, de la vida de Byron. Fatigaría al lector si hubiera de mencionar, aunque ligeramente, los diversos escritos publicados sobre la historia de este hombre. Forman una Biblioteca. Escritores de todas clases, poetas de todos géneros, psicólogos, analistas, médicos, pintores, políticos, frenólogos, todos cuantos en los secretos de la naturaleza humana, en los sucesos de los primeros días de nuestro siglo, y por los actores de estos sucesos, se interesaran, han escrito algo sobre el alma del extraño ser que pasó como un torbellino de ideas y que despidió un coro infinito de cánticos inmortales. Entre estos escritos hay uno que siempre hizo fe sobre la vida y el carácter de Byron; el libro de Moore, su confidente, su amigo. Pero Moore escribió cuando aún estaba viva la saña de Inglaterra contra el poeta que debía darle tanta gloria; y necesitado el biógrafo de aquella sociedad, faltóle independencia para sí y sobráronle miramientos para sus contemporáneos. Y sin embargo, el libro de Moore, reservado, cobarde, es comienzo de una rehabilitación de Byron.

Aguardábase en estos últimos días, con grande impaciencia, un libro capital sobre la vida del poeta, un libro-monumento, un libro que debia llenar el siglo de nuevos relámpagos de su grande alma, casi una resurrección. Imaginaos que Laura escribiera sobre Petrarca. No hay en el mundo literario quien no recuerde la beneficiosa influencia ejercida por una italiana hermosísima en la inspiración del poeta inglés. Esta beldad, por sólo ofrecer algunos instantes serenos en la vida al genio herido por la duda, se ha levantado en el pensamiento del siglo al coro de las mujeres inmortales. Yo últimamente buscaba con afán su poética sombra por las verdes aguas del Gran canal de Venecia, entre el bosque de sus columnas, entre las grecas de las cresterías de mármol, poniéndola al lado de aquellas inmortales figuras desprendidas de la paleta del Veronés ó- del Ticiano; y en el cementerio de Pisa, bajo los cipreses, sobre la tierra traída de Jerusalén, que da rosas tan bellas como las rosas de Jericó, celebradas por los profetas, entre las grandes ojivas por donde se ven las estatuas de mármol que lloran eternamente sobre las tumbas griegas, los ángeles del Giotto y del Orcagua, que agitan con sus alas todos los misterios de la eternidad, creía oír los suspiros de esa mujer misteriosa, traídos por las brisas del mar toscano, cargadas con las cadencias del Arno y con los versos inmortales de Byron.

Sabido es que la Vallclusa de estos amores no fue una fuente sombreada por los olivos, sino el cementerio solitario donde centellean los terrores del juicio final y se extienden todos los misterios y toda la solemnidad del eterno silencio, interrumpido sólo por el lamento de las campanas que cae de la cercana torre inclinada, o por el eco de las oraciones y de los cánticos religiosos que se escapan de la Basílica, o por el rumor de la vegetación y de los insectos que transforman en nuevas hebras de vida las cenizas de los muertos.

Allí recordaba uno de los libros que más influjo han ejercido sobre mi pensamiento y más sueños de poesía me han inspirado en la niñez, el gran libro de Quinet, el Ahasverus. No podía olvidar el cántico en que las mujeres más amantes de la historia rasgan, al rayo de la luna, su blanco sudario, y vienen, almas sin cuerpo, pensamiento sin forma, especie de mariposas espirituales, las alas de luz matizadas por ideas, a rozar la frente del poeta con sus místicas inspiraciones. Allí, en aquel coro, estaba Safo, la que fue a extinguir su sed de amor en las aguas de Léucades con la muerte; allí Eloisa, en cuyo seno comenzó a renacer la naturaleza humana, bajo los cilicios y las cenizas de la Edad Media; allí la mujer inmaculada como el primero inocente amor, la niña misteriosa que lleva ya algo de las vírgenes de Rafael en su frente, la estrella que ha rielado en las olas de hiel de una vida tempestuosa, bella como ninguna y vertida por los resplandores del eterno sol: la Beatrice del Dante.

Entre estas mujeres inmortales contaba Quinet a la condesa de Guiccoli como una de las más bellas formas que ha podido revestir la inspiración sobre la tierra. Y en efecto, aquella mujer, que había encontrado al poeta en la mitad de su camino, cuando la desesperación le hervía más rugiente en el pecho, cuando la fe se le apaga casi con la vida, y le había sonreído como sonríe la luna entre las nubes de la tempestad, y le había calmado con sus lágrimas como la lluvia de férvido océano, y le había inspirado versos serenos, cuya dulzura entrara en la miel más sabrosa que guarde el Universo espiritual de las artes, y le había movido a acciones inmortales, como la lucha por la emancipación de los griegos, cuyo recuerdo entrará entre los heroísmos y los sacrificios mayores de la historia; aquella mujer es una de esas sublimes musas que pasan cantando como una bandada de blancas aves místicas sobre los horrores y las tristezas del mundo. Yo creí siempre que la condesa de Guiccoli, después de haber sonreído a Byron en Venecia, después de haberle llevado a Ravenna, después de haber paseado con él melancólicamente a las orillas del Amo, bajo los pinos verdi-negros de Pisa, había muerto al día siguiente de la muerte de Byron, sobre la tierra de Grecia. ¿Qué podía hacer ya en el mundo? ¿A qué vivir, cuando jamás volvería a ver en la tierra el ruiseñor misterioso que cantara a su lado, y trasmitiera estos cantos, no al aire vago, cuyos giros los repiten y los disipan en la brevedad de un instante, sino a la gloria, dispensadora de la inmortalidad? No podía yo pensar que la muerte hubiera arrastrado a Byron y perdonado a la condesa. Creí que sus almas se hallaban confundidas hasta el punto de vivir ambas de una misma vida y en un mismo cielo, como esos astros de una constelación que jamás se ven separados, y que desde el principio de los tiempos se contemplan mutuamente en la inmensidad del espacio con amorosa mirada.

Eloisa no hubiera pasado a la posteridad a haber tenida otro pensamiento que el pensamiento de Abelardo. Para vivir en todos los tiempos ha necesitado morir en el charco de sus lágrimas, sobre las piedras frías del claustro, viuda inmortal del género. Su corazón vive tanto como la ciencia de su amante, porque el corazón de Eloisa encerró lo infinito por el amor, como encerró lo infinito el pensamiento de Abelardo por la inspiración y el raciocinio. La violencia y el odio los separaron; pero ahora sus huesos duermen juntos, confundidos dentro de su sepulcro, en el calor eterno de la llama que los animó durante la vida.

¿Pero qué ha hecho la condesa de Guiccoli? Ha vivido. Y no sólo ha vivido, sino que se ha casado con un marqués rico y senador dé Francia, con el marqués de Boissy. Y no sólo se ha casado, sino que, viuda recientemente, ha escrito un libro sobre Byron en dos gruesos volúmenes, inspirados por óptima intención, pero enojosos como toda difusa apología. He recorrido las mil doscientas páginas de sus dos volúmenes, sin encontrar ni una nueva noticia, ni un rayo de inspiración. , El cielo no ha querido concedérsela a esta marquesa rica, senadora francesa, que cubre de flores de luciente seda el esqueleto de su amante. La condesa faltó a su primer marido por Byron. Esta falta sólo podía tener una excusa: la eternidad de su amor, ¿Cómo ha llevada la condesa Guiccoli su luto eterno? Llamándose la marquesa de Boissy, y muerto su marido, escribiendo un libra voluminoso, inacabable, sobre Byron, libro que es un apologético monótono y enfadoso, cuando debiera ser la poesía lírica escapándose de un alma, enamorada. Yo estoy seguro qué otro libro escribiera si en su viudez moral se encierra, si arrastra el luto hasta que Dios la hubiera llamado, si va a buscar, para tejer una corona al poeta, las bienolientes violetas del cementerio de Pisa, en vez de buscar las flores de trapo de los salones de París, que sólo huelen a perfumería.

Sigamos contemplando la vida de Byron y compadeciéndole hasta por las desgracias que le han sobrevenido más allá de la muerte. Le dejamos en la primera parte, cuando pasaba del colegio de Harrow a la Universidad de Cambridge. Corren los años de 1805, 1806, 1807, 1808. El niño es joven. Si en la primera edad hubiese sido menos desgraciado, fuera en la segunda menos vicioso. La niñez, como la semilla, se pega a la tierra, donde van a brotar las poderosas ramas de la vida; se confunde con el mundo exterior; se penetra del espíritu de la familia; es continuación de los nueve meses de gestación, de los dos años de lactancia; y como la leche maternal es su alimento, como la sangre maternal es su jugo, la educación maternal es su horizonte, es su cielo, es la sangre y el alimento de su alma. Ya en la segunda edad, estas armonías cesan, esta sujeción se rompe; la vida sale, casi siempre desbordada, del hogar paterno, espaciándose fuera de su cauce como un torrente henchido por el deshielo en la tibia primavera. Los jóvenes suelen ser de oposición a cuanto les rodea, inquietos, rebeldes, llenos de vida. Las pasiones brotan como las flores, rompiendo la película que las envuelve. La juventud es una grande enfermedad. Sobra el tiempo y se desperdicia.

Se mira al horizonte, se le ve dilatado, infinito; y no se ven las sombras que lo manchan, ni las tempestades que relampaguean por todos sus bordes. A la vida de la familia, se sustituye la amistad; a la tranquilidad, el amor; a la inocencia, las pasiones. Cuando crecemos, cuando adelantamos en la vida, viene la serpiente a echarnos del Paraíso. Se necesita tener una memoria privilegiada para recordar estos días supremos entre la inocencia y la pasión, este hervor primero de la sangre, esta primera voluptuosidad de la vida, que ha de tener al cabo un dejo tan amargo, si no viene a endulzarla con su miel la virtud. En los primeros años necesitamos una madre. Pero en los segundos, en la época de la juventud, necesitamos una mujer a quien amar castamente para no perdernos. Si esta mujer aparece en el dintel de la vida, todo se vuelve felicidad; y la pasión se manifiesta, como una savia purísima, en pensamientos vagos, en aspiraciones ideales, en una especie de religión poética, que tiene sus dolores como todas las grandezas del alma, que abrasa, como el fuego, toda la vida, pero que, como el fuego, la pacifica y esparce su calor benéfico por lo infinito. Lady Byron fue madre amante, pero no filé madre tierna, y no proveyó a las primeras necesidades morales de su extraordinario hijo. María, su segundo amor, acaso el más hondo de aquella alma privilegiada, el destinado a sostenerle en sus alas, María lo despreció por un hombre vulgar que no cojeaba. Las tempestades del hogar, las luchas entre los dos seres que lo engendraran, la sangre normanda bullidora e inquieta, las terribles historias de su familia, los desolados castillos donde se criara, las montañas de Escocia heridas por el rayo y llenas de desacordadas voces de los torrentes y los aludes y las águilas; todo esto debía dar al arrogante Encelado, nacido para las luchas titánicas, una energía demasiado extraordinaria, para que no rompiese los límites señalados a la vida, estrellándose contra el mal.

La universidad de Cambridge era ya un aliciente. La disciplina sufría relajaciones muy grandes. La libertad de la vida degeneraba en licencia de costumbres. Byron tenía caprichos extraordinarios, nacidos del calor de su mente; delirios de esa fiebre moral llamada genio. Vestíase a veces fantástica y bizarramente. A pesar de que, temiendo mucha a la gordura, apenas comía otra cosa que vegetales y carnes, daba cenas babilónicas, en que la imagen de Sardanápalo, después tan magistralmente evocada por su pluma, se dibujaba en la retina ardiente por los vapores del vino. Llevaba junto a sí formidable oso encadenado, pidiendo que le concedieran la corona de doctor. Tenia una amiga que disfrazaba de jockey, obligándola a seguirle por los paseos públicos. Gozábase en pintar su vida como un torbellino de vicios y su conciencia como un cadáver devorado por la corrupción. Formaba una especie de asociación monástica con sus amigos, y bebían en un cráneo montado y cincelado en plata; lo cual ocasionó la infundada creencia vulgar de que bebían en el cráneo de una fantástica querida que imaginaban violentamente muerta. Tiraba a la pistola, cabalgaba como el primero, recorría tres millas del Támesis nadando. Cierto día se vio su perro favorito atacado de rabia. Cuidólo con espantoso peligro de ser mordido, como si fuera su hermano; y cuando murió, consagróle un epitafio como si hubiera muerto parte de su corazón. A los diez y ocho años se hallaba arruinado, y las futuras rentas de sus dominios en manos de usureros. A los diez y ocho años había tenido tres duelos; uno porque le llamaron ateo. A los diez y ocho años había tenido un hijo natural, recogiendo al par esta primera prenda de su corazón y el último suspiro de su querida. A los diez y ocho años había ya compuesto un volumen de versos. Y como tomara posesión de sus tierras patrimoniales, había citado a sus amigos a orgías donde se presentaba un buey como en los banquetes homéricos, se vertía el vino como en los banquetes asiáticos, se luchaba a los puños y a la espada como en los banquetes romanos, y se concluía por escenas de desorden y de prostitución. Entre los comensales de estas orgías se encontraban hombres que luego habían de hacer una revolución política, como la que hizo Rusell con la reforma electoral; y una de esas revoluciones sociales que se elevan a la altura de las mayores obras humanas, como la que hizo Peel abriendo los graneros del mundo por la ley de cereales al pueblo ingles, obligado hasta entonces a comer el mendrugo caída de las mesas de la aristocracia. A pesar de que haya intentado la gazmoñería protestante retratar a Byron como un monstruo, capaz de todos los vicios y de todos los crímenes, sólo esta época de su vida fue verdaderamente viciosa, y aun examinándola con detenimiento, se descubre antes el vértigo que el propósito deliberado de obrar mal, y antes el aturdimiento que la perversidad.

El culto del arte hubiera podido reemplazar con ventaja la educación descuidada y el amor desgraciado. Una idea absorbe en tales términos la vida, que no deja espacio al corazón para pervertirse, ni tiempo material a la voluntad para ocuparse en el mal. El placer infinito del trabajo, de la elaboración lenta de una obra, de las continuas contemplaciones de esos tipos que vagan en la mente, quita en verdad todo gusto por las bajas voluptuosidades de la materia. No hay ningún goce físico que se parezca al goce espiritual de las grandes creaciones artísticas o de los grandes pensamientos científicos. Las artes dieron a Miguel Ángel, las matemáticas a Newton, la filosofía a Kant, una castidad tan pura que llegó a ser como una mística, sí, como una cenobítica virginidad. Sus amores fueron lo ideal, sus amadas las ideas, sus hijos la estatua de la Noche, la crítica de la Razón, el cálculo de lo Infinito. Byron pertenecía más a la humanidad que estos genios, especie de solitarios del pensamiento, especie de estatuas iluminadas por una idea inmortal; Byron había nacido para amar y ser amado. Pero indudablemente, la inspiración, la presencia del ideal, los amores puros por las puras formas de la belleza poética, todas las grandezas que llenaban su alma, eran propias para no dejarle caer en esos amores anónimos, brutales, que pintan dos cuerpos manchados en los goces impuros de un momento, el cual pasa como el vértigo de la embriaguez, para dejar un recuerdo de vergüenza en la mente y un desencanto eterno de toda la vida en el pecho.

Pero hasta en el culto por el arte fue desgraciado. Buscó prematuramente la gloria, y encontró la más acerba censura. Se necesita haber nacido con la vocación de escritor para comprender la impaciencia con que en la primera edad se desea ver impresas las propias obras. Y después de impresas, la inquietud con que se recoge todo juicio, con que se pesan todos los votos. El amor propio abulta el mérito propio de una manera monstruosa. Pero esta inquietud por el juicio ajeno es una prueba de desconfianza, una prueba de que la conciencia se sobrepone en el hombre a toda pasión, aun al amor de sí mismo. Infinitas veces el aplauso concedido fácilmente a las medianías se niega al mérito extraordinario. Toda grande naturaleza tiene algo de incomprensible. Toda grande cualidad tiene algo de sublime. Y lo sublime nos fatiga con un peso incalculable, sobre todo cuando no podemos comprender su grandeza. Cuántas gentes he visto que, después de haber contemplado por largo espacio de tiempo la bóveda de la Capilla Sixtina, portento de Miguel Ángel, legión de titanes, de profetas y de sibilas, que han tocado a los límites últimos concedidos a la expresión de las ideas, que han subido hasta las más altas cimas del arte, no han sacado de esta contemplación otra cosa que un gran dolor en la nuca. Y nada más fácil que maldecir de aquello que no se comprende. Además, hay escuelas literarias, como hay escuelas políticas, que reniegan de todo cuanto no se ajusta a su estética o su constitución. El asesinato y la calumnia les parecen armas buenas contra sus enemigos. Sobre todo, aquellos que por espacio de mucho tiempo han monopolizado la fama, no pueden sufrir ninguna competencia, no pueden perdonar al joven que viene a sucederles. Han formado un símbolo de la fe crítica, han reunido una Iglesia del gusto; excomulgan a los herejes,- y ya que no pueden quemarles todo el cuerpo, les queman la sangre.

Byron se presentó con su primer volumen de poesías delante de estos sanedrines de la crítica, delante de la célebre Revista de Edimburgo. Esta acreditada publicación echó plomo derretido sobre la cuna del poeta. Jamás fue la crítica tan dura, tan implacable. El joven autor no llegaba ni a la medianía. Sus ideas ni subían ni bajaban de un mismo nivel, a la manera de un agua estancada. Llamábase menor de edad en son de excusa, y esta minoridad se ve desde el principio hasta el fin de la obra como inseparable compañera de su estilo. Habíale sucedido como a todo el mundo: escribir una larga serie de versos detestables entre su salida del Colegio y su salida de la Universidad. Recordábanle que para ser poeta precisa al menos un poco de sentimiento y otro poco de imaginación. Las imitaciones de Ossian y Homero no pasaban de ensayos buenos para una clase de retórica, pero indignos de la publicidad. En medio del artículo, se deslizaba su pensamiento capital; que el noble lord no naciera para poeta y debia, por ende, abandonar a mejores ingenios tan peregrino arte.

Lord Byron sintió el golpe en la nerviosa sensibilidad propia de los poetas. El filo de aquella crítica le heló el corazón. Sus labios brotaron hiel y sangre. En su dolor, revolvióse airado contra su patria y contra todos los contemporáneos decorados por nombres más o menos famosos. Todas las cualidades satánicas de que él mismo se creía dotado con bien poco amor propio, resaltan del fondo oscuro de esta sátira: - el cinismo, la ironía, el sarcasmo, la rabia, el rudo rencor y la satisfacción de la venganza. El cojo inmortal entra, como un Vulcano, con el martillo enrojecido en el Olimpo de Inglaterra, y no perdona ninguna de las estatuas de sus dioses. Díceles a los unos que son comerciantes avaros y no poetas inspirados; a los otros, que habiendo tomado por héroe de una obra un idiota, después de haberla leído no se sabe quién es el idiota, si el protagonista o el autor de la obra; a éstos, que han peleado en formidable duelo con pistolas cargadas de pólvora; a aquellos, que han vestida a Camoens de encajes de Inglaterra; a un noble lord, que sus comidas valen más que sus traducciones; .á un célebre historiador, que escribe porque come, y come porque escribe; a los lores, que acuden a reuniones donde, entre coros de eunucos estipendiados, se entregan sus hijas al lascivo baile y ellos al ruinoso juego, prometiéndose todos en estas babeles de vicios, alcanzar el dinero y la mujer de su prójimo. Imagínese qué efecto produciría esta sátira, en una sociedad donde tan escrupulosamente se observa el respeto al pudor y donde tan castos son los labios y tan puro el lenguaje. Imagínese cómo se revolverían los heridos por aquél genio candente contra las manos que abrasaba sus carnes. Una nube de injurias rodeó al poeta. No contribuyó en poco esta malhadada sátira al odio implacable con que le persiguieron sus contemporáneos. Lord Byron comenzó por publicarla anónima, y concluyó por ponerle su nombre. Anunció que esperaba en Londres cuantas satisfacciones quisieran exigirle. Y como todos se limitaran a murmurar sin retarle, exclamó tristemente: - "Han pasado los tiempos de la caballería."

Entre los más duramente tratados, hallábase su pariente Carliste, que había sido su tutor. El noble joven jamás se arrepintió de este proceder. Al contrario, en una de las ediciones de sus obras se defendía con su inexperiencia de haberle dedicado un libro, y aseguraba que toda la sangre de los Howards no era bastante a hacer un caballero de un villano, un sabio de un tonto. La causa de esta inmortal venganza merece ser conocida, porque se relaciona estrechamente con uno de los aspectos bajo los cuales miramos a Byron, con su aspecto de orador, y con uno de los hechos más trascendentales de su vida, con su entrada en la Cámara de los Lores de Inglaterra.

Lord Byron le había pedido su protección y su padrinazgo para ser presentado en la Asamblea. Nada más natural que el deseo de sentarse en aquella grande oligarquía, que por su parecido, especialmente entonces, con el senado romano, y por su influencias en el mundo, había de acalorar y encender la imaginación del poeta. En el alma de Lord Byron había, con esa nostalgia del cielo natural en todos los genios extraordinarios, sed intensísima de la gloria. Y la más grande, la más embriagadora de las glorias humanas indudablemente es la gloria del orador, que sin verter una gota de sangre, sin manchar sus laureles con los funestos trofeos del guerrero, conquista desde la tribuna las almas de sus oyentes y las confunde todas en su alma. No hay espectáculo semejante al del orador, el cual debe ser a un tiempo filósofo, poeta, artista, músico, táctico; sacar del fondo de su alma los tesoros del pensamiento, encerrarlos en formas perfectas, con esa fuerza creadora que, como la palabra de Dios, hace brotar mundos; y por un milagro de su inteligencia y de su voluntad, tender entre tempestades infinitas de aplausos cadenas invisibles, a las cuales se prenden los corazones como esclavos de aquella magia, cuyo poder sobrenatural es uno de los misterios más profundos del espíritu.

El alma inquieta, activa, de Lord Byron, se imaginaba ya en las visiones de su fantasía triunfando de todos sus enemigos por la magia de la palabra y sirviendo al género humano por la santidad de las ideas.

Sí: aquel hombre a quien presentaban sus enemigos como indiferente a todos los dolores humanos, como dudando de todas las ideas, despreciador de sus semejantes y enemigo de Dios; dado sólo al culto de su vanidad y al desenfreno de sus vicios, tenia allá en el fondo de su grande alma un altar reservado para la religión de los oprimidos, y la fe siempre viva en el progreso de la humanidad, que es al cabo el cumplimiento de las leyes divinas de la justicia sobre la faz de la tierra. No había sólo un sentimiento de egoísta amor propio en la justa impaciencia de Byron por alcanzar los derechos que en la herencia le tocaban: había el nobilísimo amor de la humanidad, como lo demostró más tarde empleando su poderosa palabra en favor de los católicos de Irlanda, y esparciendo así las semillas de las instituciones que debían brotar en nuestro tiempo; profeta, como todas las grandes inteligencias, de un nuevo mundo social.

Pero a todos estos nobilímos deseos respondió Lord Carliste con criminal indiferencia. Mal hemos dicho, respondió con vivísimo deseo de contrariar las nobles ambiciones de su sobrino. Extravió los documentos legales para que se retardara su recepción oficial. Acogió con desden la dedicatoria de unas poesías que, obras de un niño, debían ilustrar, inmortalizar su nombre, cuando sus obras propias, sus obras de viejo, ya estuvieran olvidadas. Y se negó, por fin, a presentar en la Asamblea aquél grande genio que llevaba escondido en su frente un cielo de poesía. Lord Byron entró acompañado por un lejano pariente, a quien apenas conocía. La alta Cámara se consagraba a sus negocios ordinarios con esa regularidad matemática propia de la vida inglesa. Nadie en aquella aristocrática Asamblea sospechaba que el noble Lord, venido a ocupar unas de sus sillas enrules, hubiera de ser en lo porvenir el intérprete del pensamiento de su siglo, el cantor de sus dolores y de sus dudas. Quizá Byron, del fondo de la degradación en que había caído, y a pesar del desencanto que las críticas brutales habían engendrado en su alma, previa con la conciencia de su propio mérito, y con la previsión natural del genio, la corona de laureles oculta bajo su corona de espinas, y la transfiguración reservada por el porvenir a su genio. Indudablemente, una atmósfera misteriosa debía rodear al joven, y una aureola centellante resplandecer sobre sus sienes. Era ya entonces uno de esos hombres-símbolos elegidos entre muchos para personificar y representar un siglo. Como nuestro tiempo, debía arrastrar su cuerpo a manera de un reptil, por el suelo, y su alma a manera de una constelación luminosa, por lo infinito; buscar los goces sensuales, y tener sólo un goce completo en la contemplación de las ideas; reírse de las creencias, y morir por la fe; aparentar brutal epicureismo, y merecer ser contado entre los héroes por su vida y entre los mártires por su muerte. Aquella su figura, la bóveda de su cabeza griega, los dilatados espacios de su frente, las arqueadas cejas; la profundidad de aquellos ojos, que ya tomaban el color sereno del cielo, ya la oscuridad del abismo, como un océano de alterados pensamientos; la línea bellísima de sus labios cincelados como para vibrar eternos cánticos; su nariz aguileña, su barba partida con una gracia incomparable; el gesto olímpico, la actitud majestuosa, la grandeza templada por su bondad, el genio centellando de cada una de sus facciones; aquél color pálido y mate, semejante al color de un mármol antiguo dorado por el sol y por los siglos; todo su ser, toda su persona debían revelar que Dios no cinceló tan perfecto vaso para que estuviera vacío, sino para llenarlo de inmortales esencias.

Su entrada en la Cámara fue fría y formularia. La sesión era vulgar, los lores pocos, el Canciller recibió el juramento, y declaró la admisión como se recitan siempre todas las fórmulas. Yo no he visto el antiguo palacio del Parlamento, pero he visto el nuevo; y puedo asegurar que ha dejado en mi alma una emoción eterna, como la Catedral de Toledo, como el Coliseo de Roma, como el Cementerio de Pisa.

A pesar de la escasa originalidad de la arquitectura, y del exceso de los adornos, los altos muros góticos, las formidables torres, la grandeza de las proporciones, el color sombrío aumentado por las bocanadas de humo de las fábricas y las emanaciones nebulosas del Támesis, las áureas aristas en las altas cúpulas semejantes a sombríos cipreses, iluminados por los rayos de un sol misterioso, dejan en el alma una indefinible imagen de grandeza, como expresión sublime de la soberanía de un pueblo, engrandecida por la sanción de los siglos. Las pinturas y las esculturas se distinguen sólo por sus imperfecciones. Pero los altos arcos y las largas líneas dan ciertamente al espíritu una idea de todas las grandezas. Pero lo que más admira, no es lo que estáis viendo, sino lo que estáis pensando bajo aquellas bóvedas; la fuerza de las instituciones, la grandeza de las libertades, el progreso que nunca se interrumpe, el prestigio de una raza que ha sabido salvar sus derechos de la universal servidumbre en que todas cayeron en el siglo décimo sexto, cuando se fundó el desolador absolutismo. Yo en este inmenso palacio pensaba el daño inmenso que hicieron a su patria cuantos alejaron a Byron de aquellos escaños con su odio irreflexible. Acaso las altas ideas sociales y las progresivas reformas políticas le hubieran separado del abismo, dando alimento a su deseo infinito de amor. Acaso la pasión de la libertad hubiera llenado más positivamente su alma que la pasión de lo ideal. Acaso a las glorias de la poesía hubiera reunido las glorias de la elocuencia. La libertad no es la Bacante que imaginan los reaccionarios del mundo, sino la fiel esposa de austera virtud y de casta fecundidad. Podemos padecer, pelear, morir por ella, seguros de que los siglos por venir recogerán el fruto de todos estos sacrificios. Pero los odios conjurados contra Byron le forzaron, no solamente a dejar la Cámara, sino la patria. En su desesperación, miles de maldiciones brotaron de su alma. Inglaterra lo arrojaba de sí, ignorando que había de ser una de las primeras estrellas de su cielo.

Aquella separación de Byron no fue un viaje, fue un destierro. El mismo nos dice que salía de Inglaterra triste como Adán del Paraíso. Cuando vuestra patria os cree incompatible con su reposo, con sus instituciones o con sus creencias, no hay más remedio que abandonarla, aunque abandonéis con ella la mitad de la vida. Por todas partes hay aire, pero no es aquél aire que ha recogido los suspiros del primer amor. Todas las naciones tienen hogares que ofreceros, pero ninguno es el hogar donde habéis recibido la bendición de vuestra madre. El cielo es grande y se extiende por todo el planeta, pero no es el cielo bajo el cual soñasteis con vuestras esperanzas muertas en flor, y fuisteis feliz con las rientes ilusiones. Toda la tierra puede ocultar vuestro cadáver; pero ¡ay! vuestros huesos estarán más solitarios en la tierra impía que no tenga también los huesos de vuestros padres. Morir en tierra extranjera es el mayor de los castigos. No en vano hemos nacido en un país. Tenemos de su suelo un jugo semejante al que recoge de la tierra la raíz del árbol; tenemos de su cielo un beso inmortal en la frente. Nuestro corazón está amasado de aquella arcilla. Nuestras ideas se confunden casi con las palabras que la patria ha puesto en nuestros labios. El destierro concluye por convertirse en una enfermedad mortal de corazón. Deseáis, anheláis marchar entre gentes con las cuales tenéis esa comunidad de origen, de sangre, de lenguaje, de vida, que constituye el ser de vuestra patria, dilatación de vuestro propio ser. Y después de haber visto las mayores naciones del mundo, las ciudades más célebres, los monumentos más sublimes; después de haber tratado a los hombres más ilustres; después de haber asistido a una gran sesión en las Cámaras de París y Londres, a una misa en San Pedro de Roma, a una salida del sol en la bahía de Nápoles, a una serenata en el gran canal de Venecia, a una excursión por la cima de los Alpes, entre los hielos eternos, al ruido de las cascadas que mugen cayendo en el valle y de los aludes que levantan remolinos de nieve a las alturas, volvéis tristemente los ojos allá al lejano país donde tuvisteis la cuna, y resumís todas vuestras ambiciones en ser el último de sus ciudadanos, el más oscuro de sus hijos, por tener hoy entre vuestra familia y vuestros amigos un hogar, y mañana en la tierra de vuestros padres una olvidada sepultura.

El amor, sólo el amor podía haber creado para Byron un nuevo mundo de felicidad y de esperanza. Pero el amor más intenso de su vida, el primer amor verdaderamente grave de su corazón, no encontró la correspondencia que acaso fuera su eterna felicidad. Amar y no ser amado. ¿Concebís mayor tormento? El corazón solitario, sólo engendra serpientes, como el desierto. Nadie se cura de vuestra vida ni se interesa por vuestra suerte. Los más bellos pensamientos caen por su propio peso en el abismo del alma, pues no tenéis a quién comunicarlos, y la hieren y la destrozan. Podéis salir cuando queráis de vuestra casa sin que nadie os detenga y volver sin que nadie os aguarde. Como la salud es vuestra solamente, la exponéis al primer peligro, la jugáis a la primera carta. Como la muerte ha de herir un corazón solitario, la aguardáis indiferente. No tenéis con quién compartir ni penas ni alegrías. El alma que, partida en dos, se agranda hasta lo infinito, en el egoísmo se encoge y seca a la manera de esas frutas caídas verdes del árbol. Cuando las fuertes emociones de un corazón varonil, cuando las rudezas de un carácter que ha peleado mucho, no están por la sonrisa de una mujer querida templados, toman algo de salvaje, como los campos abandonados del cultivo. Después de una tempestad, no hay calma; después de la noche, no hay aurora;

después de la duda, no hay fe; después del dolor, no hay consuelo. Una vida sin amor es un cielo sin astros. Miss Caworth, abandonando a Byron, acaso le cortó las alas con las cuales se hubiera remontado al cielo, y lo dejó entregado a sus propias paciones y a la soledad de su pensamiento, entre los torbellinos del mundo. Antes de partirse, quiso verla el poeta. En efecto, tuvo valor para arrostrar la mirada de aquella mujer feliz en otros brazos que no eran los brazos de su primer amante. Pisándose el corazón y las entrañas, penetró en aquella estancia que había creído destinada a ser el templo de su felicidad. La rubia cabeza se inclinó para saludarle. Las miradas de los dos amantes, separados para siempre, se encontraron en aquél supremo adiós. Byron le dijo que su único deseo era la felicidad de su amiga, y que se iba contento viéndola feliz; que sentía un gran dolor, pero que ante todo y sobre todo, sentía una amistad infinita por ella, hasta el punto de ser capaz de amar a su esposo porque la amaba a ella. Cuando veía al hijo de María, que apenas contaba a la sazón dos años, cuando descubría en su fisonomía rasgos de la fisonomía del padre, su corazón se partía de celos en mil pedazos; pero cuando lo observaba y veía los ojos de su madre, lo estrechaba contra su corazón y lo besaba hasta sofocarlo. Por fin, partió. Ya lo veremos en su viaje, despidiendo de su mente una estela de luz y de su corazón un reguero de sangre.

TERCERA PARTE

Abandonar Inglaterra, aquella sociedad ceremoniosa en la cual apenas podía moverse y respirar el genio inquieto del poeta, era una vivísima necesidad de su alma. Rompió, pues, los hierros de su cárcel y se encontró en plena libertad; atravesó las nieblas británicas, y fue a bañarse en nuestros dilatados horizontes, en nuestro claro cielo, en nuestra vivísima luz. Si los hijos del Mediodía no podemos contemplar una puesta de sol, cuando las nubes se tiñen de púrpura, cuando las montañas casi se trasparentan, cuando las aguas del mar toman toda suerte de matices, sin dejamos arrastrar por el encanto de aquella fiesta de armonías y colores, ¿qué le sucederá al hijo del Norte, acostumbrado a ver siempre sus árboles gigantes y su sol pálido a través de las gasas de sus nieblas?

Byron sintió por un momento extraordinaria dicha; sus siniestras ideas, su melancolía inmortal, sus dudas y su desesperación cayeron pronto en el seno de las aguas, como si los besos amorosos de las brisas marinas le llegaran hasta el alma. En efecto, nada hay que nos aliente y nos vigorice tanto como el espectáculo del mar, la brisa recogida por la lona agitada, el espumoso oleaje roto y surcado por la vencedora quilla; un doble infinito sobre nuestra cabeza y bajo nuestras plantas; la vida por todas partes embriagándonos con su voluptuosidad; la luz cayendo a torrentes y acrecentándose en la trasparencia de las aguas; el aroma salado de la vegetación marina difundiéndose por nuestra sangre; el vigor de la voluntad demostrado por la lucha; y la dignidad humana realzada por aquella victoria de todos los instantes sobre los batalladores elementos.

Se ve en la correspondencia de Byron que su alma se ha rejuvenecido en el Océano; que su vida se ha aumentado con la vida infinita del Universo.

En efecto, sea cualquiera nuestra idea sobre la naturaleza, ya la consideremos como un velo que oculta a Dios, a la manera de los místicos, ya como el conjunto de la vida universal, a la manera de los panteístas; cuando nos entregamos a gozarla, a remirar el aire vivificante que circula por su seno, a contemplar sus estrellas, que nos miran con amor, a recostarnos en el seno de sus prados, cubiertos por las florecillas de abril, sobre las cuales juguetean las mariposas, a oír el coro de sus miríadas de aves y la orquesta infinita de sus misteriosos rumores, a sumergir la vista en el lejano y hondo paisaje, súbitamente nos convertimos todos en poetas, y sin poderlos expresar como los genios superiores, sentimos los escalofríos de la inspiración pasar por nuestros nervios agitados como un arpa, al mismo tiempo que las corrientes de la vida universal centuplican las fuerzas de nuestra tenue vida.

Pocos poetas han sentido la naturaleza como Byron. Gusta, es verdad, de turbar su serenidad con el grito de los dolores individuales, pero también gusta de mostrar cómo su savia penetra hasta la imaginación, y la hace brotar flores a la manera que la savia primaveral hincha las yemas del seco almendro.

Así nos ha descrito sobria y elocuentemente su llegada a las tierras occidentales, después dé haber pasado los tormentosos mares de Vizcaya, las riberas encantadas de la vieja Lusitania, la desembocadura del Tajo, las montañas con sus aureolas de luz y sus turbantes de blanquecinos vapores, los frutos de oro escondidos bajo las anchas hojas de esmeralda empapadas en deliciosos aromas, Lisboa mirándose en d espejo de las aguas, las no soñadas bellezas de Sintra, por cuyos tortuosos caminos ya se ve un monasterio lleno de sombríos penitentes, ya las cruces que recuerdan horribles asesinatos; pero sobre todo, el oleaje granítico de montañas dentadas, con los picos suspendidos en lo infinito y casi agitados por el viento, con los cambios bruscos de luz y de sombras, con las blancas coronas de madre-selvas, con los profundos valles donde la vegetación del Norte llora la ausencia del sol, con las laderas cubiertas de naranjales, con el ruido de sus mil torrentes desgajándose en varias cascadas, y la vista lejana del infinito Océano reflejando la luz en su celeste seno.

Byron atraviesa el Guadiana. Al pisar nuestra patria, la sombra de España caballeresca se levanta a sus ojos. La nación-héroe se le aparece, herida, a causa de su belleza, por todos los conquistadores y atándolos a todos a la cola de su caballo de guerra. En las inmensas llanuras españolas, entre el polvo levantado por las ráfagas de los vientos, cree la imaginación ver siempre la eterna lucha, el duelo a muerte entre los moros y los cristianos, que han mezclado igualmente su sangre en los surcos, arrugas de nuestra madre tierna. Y después, cuando viene la noche, y el cielo brilla con su serenidad, y las estrellas relucen, cree la mente oír por doquier, al son de la guitarra, los romances del antiguo heroísmo o las endechas del eterno amor. Yo acabo de recorrer las regiones más hermosas de Europa. Y ni en las orillas del Rin, pobladas por los dolientes sueños de la poesía germánica, ni en el golfo de Nápoles, donde las sirenas levantan sus frentes de mármol coronadas por epigramas griegos, he sentido una poesía tan profundamente triste como la que se respira en las noches de Andalucía, cuando sobre la tierra encendida, a la incierta luz de los astros, bajo la parra o la palmera, la gitana de tez bronceada y ojos negros, dejando caer sobre las espaldas sus trenzas de ébano que le obligan con su peso a levantar la cabeza, y tendiendo al cielo sus brazos como para> huir de la tierra, danza y danza, como si un delirio la poseyese, al son de la guitarra que se queja doliente, y de la canción de amor triste como una elegía, sostenida y ligada en largas cadencias, como una serie de no interrumpidos sollozos.

Byron llegó a España en la época de la guerra de la independencia. Su agreste suelo, sus rudos rastrojos se hallaban quemados. En cada una de sus colinas se levantaba un fuerte. Los cañones abrían por doquier sus bocas mortíferas. Todos los españoles llevaban su escarapela de color de sangre en el sombrero y su arma bajo la capa. Zaragoza se retorcía sobre el potro del tormento, asombrando al mundo con su menosprecio de la muerte. No parecía sino que una ciudad entera se suicidaba como Catón. Una mujer secaba sus lágrimas, y entre montones de ruinas humeantes y montones de cadáveres podridos, aplicaba con sus breves manos la mecha al cañón que defendía la ciudad-mártir, convertida en vasto cementerio. Este sublime delirio de España en la defensa de su independencia, se halla magistralmente descrito por el poeta, que se eleva desde su ligereza tornadiza y desde su irónico escepticismo individual, a las alturas de la poesía épica, cual si hubiera recogido en su genio absorbente el espíritu del viejo Romancero.

Pero siento en el alma que viera nuestras costumbres tan de ligero. Sevilla debía inspirarle algo más que el cuento insípido sobre sus dos amas de huéspedes, con las cuales viviera cuatro días. Viniendo, sobre todo, de Inglaterra, aún hay que admirar la torre desde donde los maestros arábigos estudiaban la astronomía; el hospital levantado por el arrepentimiento y que guarda junto a los cuadros de las aguas y de la multiplicación de los panes, esos cuadros de la vida, otros espantosos, pero verdaderos cuadros de la muerte; la catedral gótica, austera como la Edad Media, y ya iluminada por los albores del Renacimiento, como si las sombras de una época estuvieran en sus bases y el amanecer de otra época alboreara por sus ojivas; el palacio mudéjar, cincelado como una joya y empapado en todos los colores del Oriente; los patios, que macetas de varias flores adornan, que sonoras fuentes refrescan rodando con sus cristalinas gotas los pavimentos de mármol, y que pueblan esas beldades, cuyo color moreno y cuyos ojos, profundos abismos de amor infinito, recuerdan a cada paso las *Vírgenes* de Murillo.

Cádiz le ha inspirado algunas bellísimas estrofas. Mas ¿por qué Byron, que ha visto con una tan clara perfección el valor de los españoles, no ha visto también la virtud de las españolas? Las virtudes de los hombres son fáciles de ver, porque brillan en el campo o en la plaza pública. Con sólo mirar los muros de Cádiz, podía ver allí embotadas las bombas dé Napoleón. Pero las virtudes de las mujeres se ocultan en el Seno del hogar, en el santuario de la familia; hay que buscarlas como las perlas, en el fondo de las aguas y en la clausura de apretadas conchas. Un viajero pasa algunos días por extranjera ciudad, tiene fáciles placeres, encuentra el vicio en la superficie, y generaliza sus emociones. Así me explico la injusticia de Byron y las duras frases con que marca ligeramente a las mujeres de Cádiz. Y sin embargo, si entra en aquellos hogares, y ve los tesoros de ternura, de pasión unidos a la fidelidad más austera, ¡cuán otra hubiera sido su idea! En ninguna parte las familias se hallan tan unidas en el mismo espíritu y son tan amantes. En ninguna parte se consagra con tanto afán toda una vida a un sólo amor. Yo he visto languidecer en su retiro muchas de esas beldades nacidas para encantar la sociedad, después de haber aguardado, largos años al prometido ausente, que ha ido a morir en inhospitalarias playas. Yo las he visto, viudas dé un primer amor infeliz, permanecer fieles a ese amor único, a ese amor virginal hasta la muerte, y morir con la esperanza de hallar a su amado en otras regiones más serenas. Yo las he visto sostener diez, quince años de relaciones, desde la primera edad, con el elegido de su corazón, sin que en esos quince años, ni un beso haya desflorado la virginidad de los labios, ni un pensamiento lascivo la virginidad del alma. Yo he visto a madres jóvenes y hermosas morir para el mundo el día que murieron sus maridos, y convirtiendo su casa en claustro, no tener otras relaciones con la sociedad que las necesarias para educar a sus hijos. La pasión toma entre nosotros la intensidad infinita de aquel ardiente clima, pero como todo lo que es infinito, pasa de las limitadas regiones de la materia demasiado frágil y demasiado estrecha, para contenerla en las regiones ilimitadas del pensamiento, donde reviste una pureza casi divina, y adquiere una vida casi celeste. Byron no debía haberse contentado con ver el fuego robado al cielo por los negros ojos de nuestras andaluzas, la pasión que relampaguea bajo sus sedosas cejas y entre sus largos párpados, las trenzas que parecen animadas como serpientes cuando se enroscan por su blanco cuello; entre todas estas llamas debía haber descubierto la pureza y la hermosura del alma.

Bien pronto dejó nuestro país. Como poeta, buscaba la tierra de las formas artísticas, la tierra de la expresión perfecta. No hay en el mundo país alguno que haya tan profundamente acertado con la manifestación bella de la idea como Grecia. Apenas ha pasado un pensamiento por su mente, cuando ya se ha revestido de un dibujo inmortal que es como el perfecto delineamiento de la hermosura. Cuatro rayas bastan a sus dibujantes para trazar en el mármol esos bajorrelieves, cuya sencillez se confunde casi con la sencillez nativa de las ideas, y cuya hermosura es la perfección tranquila de una serenidad eterna. Son las ideas griegas como las melodías más naturales de la creación, como el susurro del arroyo, como el canto del ruiseñor. Son sus estatuas el bello ideal de las artes plásticas. No parece que el mármol haya obedecido al martillo que lo ha desgajado de la montaña o al cincel que lo ha revestido de formas, sino a la idea y a la palabra. Cualquiera diría que la estatua se ha levantado de la piedra a la evocación del artista, con la misma prontitud con que debió levantarse del barro Adán al llamamiento de Dios. Cualquiera diría que un alma inmortal se ha encerrado bajo la bóveda de aquellas divinas cabezas y reflejándose en los espacios de aquellas anchas frentes. Dueños los griegos de una lengua inmortal por su flexibilidad y por su riqueza, sus almas despiden las ideas en esas palabras sonoras, como un instrumento músico las melodiosas notas. Jamás pueden olvidarse, cuando en el original se han leído, los versos en que Tetis consuela a su hijo, la descripción del valle de Colonna en el Edipo de Sófocles, el ronquido de las Furias en la *Orestiada* de Esquilo, y los períodos inmortales del *Timeo* de Platón. Parece que luego la humanidad no ha sabido hacer otra cosa que copiar y recopiar estos eternos modelos, como un aprendiz de dibujo copia el ejemplar que tiene en frente, borroneándolo y a tientas, poniendo a veces superioridad en la expresión o en algunos de sus rasgos, pero sin llegar nunca a su perfecta forma. Todos los artistas, clásicos o románticos, poetas, pintores, escultores o arquitectos, los que cultiven las artes de la palabra en la tribuna o en la cátedra, han de ir a Grecia a buscar los secretos de la forma. Byron no podía faltar. La patria del arte se le aparece como uno de esos cráneos que han llevado el peso de un alma en vida, de un alma capaz de elevarse hasta lo infinito, y que en muerte apenas pueden ofrecer habitación a un insecto. La mano aleve de los hombres acaba de arrancar hasta las ruinas del Partenón para llevarlas al Museo de Londres. Los sacrílegos han profanado un cadáver para despojarlo de sus riquezas. Yo he visto en el Museo británico los rotos mármoles del Partenón, animados por el cincel de Ictino, de Calícrates y de Fidias; yo los he visto con mis ojos, y los hubiera besado con mis labios, como el peregrino la tierra de Jerusalén. Yo he visto las teorías, las procesiones, el desfile de los Dioses y de los héroes, las vírgenes griegas ofreciendo los presentes de la Ática, los semi-dioses vencedores de los centauros, las víctimas destinadas al sacrificio, los jóvenes guerreros desnudos sobre el caballo en pelo, todos perfectos en su hermosura inmortal y serena; pero todos tristes, lejos de las colinas donde crece el olivo de Minerva, y de los torrentes donde crece la adelfa de Apolo, circuidos del aire cargado con las nieblas del Támesis y el humo de la hulla, en vez de hallarse circuidos del aire a cuyos besos nacieron, del aire perfumado del Himeto, lleno con las armonías del Egeo; extranjeros eternamente, ¡ellos, los genios del Mediodía, los genios del arte y de la luz! a las sombras y a las tristezas de los climas del Norte, más desgraciados entre las brumas de Albión que Eurídice entre las tinieblas del Infierno.

Jamás el genio del hombre ha escrito páginas tan bellas como las que Byron consagra a su peregrinación por Grecia. Son una elegía donde no sabemos qué admirar más si la perfecta forma, si la elevada idea, si la amarga tristeza. La hermosura plástica de los griegos se une a la profunda melancolía de los cristianos. Cuando los veo, me parece que estoy viendo la Noche de Miguel Ángel extendida sobre el sepulcro de Florencia, aquella fuerte deidad griega, casta como la Venus de Milo, pero triste como una Dolorosa de Rivera. La nave del poeta va pasando entre los promontorios griegos, y su voz va recogiendo la voz de las ruinas, los lamentos de aquellos sitios despoblados de sus dioses.

Jamás, desde que Plutarco escribió los lamentos oídos por Thamo, cerca del cabo Miseno, cuando la religión de la naturaleza se moría, jamás los hombres han escrito páginas tan tristes. Chorrean lágrimas, pero lágrimas encendidas, capaces de resucitar los dioses en las frías cenizas de los arruinados altares. Desde su nave ha visto la sombra del peñasco extendida sobre el mar de Leucades, donde Safo apagó en la onda amarga la sed infinita de su corazón. Desde su nave ha visto la estrecha bahía en que el genio práctico de Occidente, personificado en Augusto, venció al genio exaltado del Oriente, personificado en aquel fuerte pretoriano que se llamaba Marco Antonio, el cual había cambiado el amor a Roma por el amor a Cleopatra, la maga, la hechicera, la poetisa, la encantadora, capaz de resucitar con sus ardientes besos y sus lascivas danzas las teogonías orientales bajo los templos mismos de Grecia, y enroscarse como una serpiente del Asia a la Ciudad Eterna, y ahogarla para vengar la esclavitud de sus padres y la muerte de sus dioses.

La flexibilidad maravillosa es el carácter distintivo del poeta. En él se unen el clasicismo antiguo, el romanticismo moderno, el orientalismo; y a la somnolencia idealista más vaga, el realismo más crudo, más brutal. Es la personificación de su cáustico tiempo. Es el instrumento que todos los vientos hieren, y que a todos los vientos suena, ya al aura celeste matinal, llena de aromas y de cánticos, o ya al mugido del huracán ardiente, cargado de polvo y de cenizas. El mar no repite los cambios de la luz tan fielmente como su conciencia los cambios de las ideas; no retrata las nubes del cielo como su alma los pensamientos del siglo. En este sentido, siendo, como es, un poeta subjetivo, nunca olvidado de su personalidad, arrastrando la cadena de sus dolores individuales por la tierra, queda y quedará siempre como uno de los más fieles poetas de este siglo incierto, que, desde sus comienzos, ha vacilado entre la razón y la fe, entre el derecho y la tradición, entre la libertad y el cesarismo. La reacción y la acción jamás lucharon con tanta fuerza, ni jamás consiguieron un equilibrio mayor, proviniente de su mutua paralización. Por eso Byron es el poeta-siglo. Todas las ideas batallan fuertemente en su conciencia, Y de todos los caracteres se reviste su alma. Después de haber pasado, como un poeta antiguo, por las riberas de la Ática, evocando en versos de una forma perfectamente sencilla, el espíritu guardado en sus ruinas, entra en Albania y se siente atraído fuertemente por un espectáculo bien contrarío a la severidad helénica; por el orientalismo, por la hipérbole, por las costumbres sensuales y las fiestas voluptuosas del Asia, Hieren sus ojos los montañeses de la Albania con las largas botas de cuero bordadas de sedas, los anchos zaragüelles blancos, la faja de colores cargada de aceros damasquinos relucientes de pedrería, la chaqueta y el chaleco de grana bordados de oro, sobre un hombro la gruesa borla azul que cae del gorro griego, y sobre el otro la larga escopeta embutida de marfil; bronceado el color por el sol, negros y relucientes los ojos, perfectas las facciones, altos de estatura, flexibles de talle, ágiles como los gamos de sus montañas; evocaciones, en fin, de las primeras razas humanas, que llevan en su frente como una señal augusta de su prístina grandeza. El gobernador de aquellas regiones le recibe como saben recibir los gobernadores turcos a los aristócratas ingleses. La hospitalidad de Alí es un continuo encanto para Byron. En pabellón de mármol, en cuyo centro surge murmuradora fuente, sobre cojines mullidos de vistosa seda, teniendo a un lado el pebetero de ámbar y a otro el café, en frente la larga pipa, al pié de celosías por cuyos áureos enrejados se descubre la viciosa vegetación del Oriente, la palma entrelazada con el ciprés, Byron y Alí departen, rodeados de albaneses pintorescamente vestidos, de macedonios con su manto rojo, de flexibles y finos griegos que ostentan sus facciones escultóricas, de negros mutilados, traídos a gran precio de la Nubia; y mientras a la puerta caracolean, en caballos ligeros como el viento, jinetes de todas las razas asiáticas, precedidos por ruidosas músicas y alegres tambores, desde la alta ton-e el muecín solitario envía el anuncio de la plegaria, para recordar que Dios y la idea religiosa envuelven, como una atmósfera moral, todas las grandezas del Oriente.

Pero la verdadera tierra del poeta era la tierra de Atenas. Allí, fugitivo de las nieblas del Norte, se reconocía en su patria. Los siglos y las cóleras de los hombres han pasado sobre los templos, las estatuas y las columnas; pero todavía el cielo es azul, las colinas escultóricas, los bosques de olivos, de laureles y de lentiscos poéticos y umbríos como en el tiempo en que los habitaban los dioses; todavía el Himeto destila de sus tomillos la dulce miel con que se regalaban los labios de los poetas, vibrantes de armoniosos cánticos; todavía las mismas abejas que alababa Platón susurran agitando con sus esmaltadas alas el aire sonoro, y fabrican en los troncos de los árboles los olorosos panales que antes brillaban como oro líquido sobre las aras coronadas de flores; todavía los rayos de Apolo doran con su luz inmortal los mármoles de que salían estatuas eternamente bellas, y la voz de los faunos del campo se une con la voz de la sirena que palpita en las ondas; porque si han pasado los héroes y os genios, si ha muerto el arte, la libertad y la gloria, aún queda viva y fecunda la naturaleza. Este sentimiento religioso por el Universo es otro de los caracteres más bellos de la poesía de Byron. Se ve que no es un sentimiento convencional, de reflexión, impuesto por una ley estética, a la manera del sentimiento de Goethe, sino que nace espontáneamente, como un arroyo, de su alma, henchida de la vida universal.

En este retiro no le faltaron aventuras. Primero encontró en su travesía a la bella Florencia, escapada dos veces a las persecuciones de Napoleón. Después en Atenas se apasionó de tres hermosísimas jóvenes griegas, las cuales rehusaron toda ofrenda de este corazón demasiado expansivo y universal. Contrajo también amistad con uno de los seres más extraños y menos estudiados del siglo; con Lady Esther Stanhope. Eran el alma del poeta y el alma de la maga propias para comprenderse. Si la edad de la dama inglesa y su proverbial fealdad oponían obstáculos a una relación de amor, la exaltación de su carácter y la poesía de la vida anudaban entre ellos estrechas relaciones de amistad. Esta mujer había huido también de las nieblas inglesas, en pos de la luz de Oriente. Y al salir de Inglaterra, había maldecida aquella sociedad convencional, cambiándola por la compañía de las nubes, de las águilas, de las tempestades, de los vientos, de todos los seres que vienen o van de lo infinito en el círculo misterioso de la vida. Al entrar en las regiones asiáticas, se había despojado de sus creencias protestantes, como la serpiente de la piel Su Biblia era el Universo; su templo las selvas primitivas que exhalan todavía el aliento del Diluvio; su altar el Líbano, donde los profetas hebreos tallaron las gigantes arpas; su habitación las cavernas; sus compañeros los cedros seculares, cuyas profundas raíces absorben la humedad de la tierra, y cuyas altas copas el rayo del cielo; su Dios el indeterminado infinito; su profesión la profecía, como si aún corrieran los tiempos de las Sibilas; sus medios de adivinanza, el magnetismo; sus medios de expresión, un estilo nervioso y lleno de imágenes, como el estilo oriental; su único móvil, cierta poesía inquieta, incapaz de expresión, que no pudiendo encamarse en grandes obras, se encarnaba en acciones maravillosas y en una vida errante; pero el fondo de su carácter era una verdadera aunque sublime demencia. Sí no estoy equivocado, Lamartine encontró a tan extraña mujer también allá en los tiempos para él felices de su viaje a Oriente. Era el momento supremo de su vida y la suprema crisis de su genio. £1 realista dejaba en Europa sus convicciones aristocráticas, el católico su fe. Una aspiración vaga a la felicidad del género humano le henchía d corazón, y otra no menos vaga a un panteísmo sentimental, la inteligencia. Así coma hay aves, hay genios del crepúsculo. Son como ángeles perdidos entre el cielo y la tierra, con la frente en la luz, con las plantas en las sombras, y que vuelan caprichosamente entre resplandores y entre tinieblas. Así vagaba Lamartine, entonces hermoso, joven, poeta célebre, con sus Meditaciones en la mano, como el testamento de su primera edad, y el corazón y la idea puestos ya en los círculos de otras más dilatadas regiones. Lady Stanhope le anunció que algún día estarían en sus manos los destinos de la patria; Esta mujer hubiera pasado a ser un milagro de previsión, y de presentimiento, si su muerte no hubiera descubierto su locura. M. Lescure, que ha escrito una bella e instructiva biografía de Byron, promete estudiar la vida de esta hermana espiritual del poeta, que como Byron, dejó a Inglaterra como Byron, maldijo su sociedad; como Byron, se dio a una doctrina, mezcla informe de fe y de duda; como Byron, unió a un carácter expansivo una melancolía profunda; como Byron, buscó en el sol de las regiones orientales calor para su corazón aterido, y como Byron, murió en el regazo de la naturaleza.

Pero no solamente anudó estas relaciones, sino que tuvo también el poeta aventuras capaces de exaltar su corazón y su fantasía, esos dobles abismos llenos hasta el borde de su inmenso genio. Imposible leer el pequeño poema *Giaour* sin que el sublime terror trágico, expresado por atrevidas imágenes, sacuda todos vuestros nervios con sus descargas eléctricas. Era Leiba una de las más hermosas mujeres de los serrallos de Hassan. La flor del granado había teñida sus mejillas; la negra y trasparente lava del Etna, encendida aún, había hecho el cristal de sus ojos. Envuelta en su manto de blanca gasa, brillaba como la estrella entre las nubes. Pero tenía un manto más hermoso, aunque negro, el manto de sus cabellos, que le llegaban hasta aquellos pies, blancos como la nieve virginal, cuando acaba de caer desde la nube sobre los picos de las montañas. Un veneciano la vio y la amó. Su amor fue correspondido, y una felicidad momentánea unió sus cuerpos, como una infinita pasión había unido sus almas. Hassan lo supo. En las deliciosas riberas griegas, en breve ensenada, desde cuyos bordes se levantan montañas esmaltadas por los arreboles de la luz meridional, acaeció espantoso suceso. Una barca llevaba un saco.

Dentro del saco iba un cuerpo. El saco y el cuerpo fueron a la mar profunda. Pero cuando Hassan volvía de cumplir su castigo, un hombre, más rabioso que los tigres de las montañas, le detiene, combate con él y con su gente, hasta arrancarle casi la mano con que sostiene la cimitarra, y luego lo deja revolcándose en su agonía hasta que muere sobre el polvo del camino. Y él implacable va a un convento cristiano, pide un hábito a cambio de riquezas, y sin hacer ningún voto ni practicar ninguna ceremonia, mirando sólo al mar lejano y profiriendo entrecortadas palabras, en que se mezclan el amor y la muerte para sus días, como si fuera un genio del infierno, cumpliendo una penitencia. Al fin espira, y sólo pide olvido para su nombre, una cruz de palo para su sepultura. Me engaño, pide también que, si es verdad que los cadáveres arrojados al mar lo dejan para pedir a la tierra una tumba menos tormentosa, pase la desgraciada Leiba sus dedos húmedos sobre la frente de su amante, los pose sobre el corazón encendido, y se acueste a su lado, y duerma allí, junto a él, sin abandonarlo jamás…

Es necesario leerlo para admirarlo. Parece traducido del árabe por la riqueza de la fantasía y por el atrevimiento de las imágenes. Solamente la elegía final acusa la literatura psicológica del Norte y el carácter normando del poeta. Esta bella leyenda le fue inspirada por varias aventuras. Aquel Alí que tan bondadosamente le recibiera en su palacio, había cosido en doce sacos doce mujeres turcas acusadas de infidelidad y las había arrojado al mar. Ninguna de ellas lanzó una queja. Todas recibieron la muerte con la resignación en el alma y el silencio más profundo; hermosos juguetes del destino, quebrados, como si fueran de vidrio, contra los escollos. Estos casos eran frecuentes. Un noble napolitano, de paso por J aniña, se enamoró de una joven turca de diez y seis años. Su amor fue sospechado por la policía. Y los dos amantes fueron sorprendidos en su lecho. La policía apedreó a la turca hasta matarla con el inocente fruto de su amor que llevaba en las entrañas, y desterró al italiano a una ciudad apartada, donde murió, no de la peste que había en el aire, sino del dolor que llevaba en el alma.

En una escena semejante había sido Byron actor, y acaso débese a eso el calor extraordinario con que está escrito el *Giaour*, porque Byron esperaba magistralmente sus personales emociones. Cuentan Moore y Medwin que, estando en Atenas, había sentido el gran poeta una pasión profundísima por hermosa joven turca. El retiro en que estas mujeres de Turquía viven; el triste abandono en que sus compatriotas las tienen; la necesidad de compartir con muchas otras el amor; la ardiente naturaleza, exaltada por las visiones de la soledad y los sueños de esas fantasías vivísimas que sólo ven el mundo al través de gasas y de rejas, les dan maravillosa aptitud para sacrificarse a uno de esos amores prohibidos por su ley, más intensos cuanto más peligrosos, y cuyos atractivos se aumentan con las amenazas constantes de muerte que vienen a convertir en alimento de su infinita pasión, la cual en sus trasportes y en sus delirios, llega hasta buscar la muerte y saborearla, con el goce de manifestar todos los tesoros de un cariño capaz de convertir en una voluptuosidad suprema la suprema agonía, y en suspiro de amor eterno el último suspiro de la vida. Byron, por sus prendas personales, debía inspirar exaltadas pasiones. Algún recuerdo hay de estos amores en aquella figura de Haydée, nunca bastante admirada, y en aquellas noches de loco amor a la luz de las estrellas y al triste cántico de las olas. Byron y su amada se veían frecuentemente. Pero en esto, interrumpió sus relaciones la cuaresma turca, cuyos mandatos son, respecto al amor, severísimos. El poeta no se creía obligado a semejante ayuno. Y seguía yendo a ver a su amada. A pesar de todas las precauciones tomadas, su amor fue descubierto. Una tarde se paseaba a caballo por el Pireo, seguido de su fuerte escolta de albaneses. En mitad de la plaza descubrió un grupo de agentes del gobierno que arrastraban a duras penas un grande saco. Un gemido entrecortado, un sollozo amarguísimo, resonó en los aires. La sangre se agolpó a las sienes del joven y un siniestro presentimiento al corazón. Creyó ver, ya con la adivinación pronta de su genio, retorciéndose en el seno de las aguas, entre las agonías de la muerte, a la hermosa joven que había estrechado tantas veces contra su corazón enamorado. En efecto, llegó. Su aire distinguido, su ademán imperioso, la riqueza del traje, la muchedumbre de su escolta, el influjo del nombre inglés sobre el ánimo de los turcos, detuvieron aquella ejecución, aquel crimen espantoso en el momento mismo en que iba a ser perpetrado por la justicia mahometana, implacable como la fatalidad. El saco se abrió, y vióse salir de su seno, pálida como la muerte, a la joven que Byron había amado más que la vida. Allí, en presencia de todos, la arrancó a los verdugos, puso su propio pecho como escudo, sus brazos como defensa, y declaró que morirían unidos. El oficial del gobierno ateniense, o se apiadó, o temió. Suspensa la ejecución, fue este acto de clemencia confirmado por el gobernador de Atenas. Pero con una sola condición: que los dos amantes habían de separarse. Desterrada a Tobas, allí murió la infeliz beldad, si no en el fondo del mar, en el fondo del olvido, palideciendo y deshojándose en la ausencia como una flor privada de su savia. De tal suerte cuentan esencialmente esta anécdota Medwin y Moore. Este último se refiere al relato del Marqués de Silgo. Pero según Hobhouse, Byron salvó a la joven turca de la muerte, mas no por ser su amada, sino por ser la amada de uno de sus compañeros de viaje o de sus criados. De todos modos, protagonista, actor, testigo, estas escenas orientales llegaron hasta el fondo de su alma, inspirándole el sublime horror de que está impregnado uno de sus más bellos poemas.

La estancia de Byron en Constantinopla no le inspira las bellas estrofas que su estancia en Grecia. Tocado de un entusiasmo inglés, bastante raro en su temperamento antibritánico, pone el San Pablo de Jacobo I muy por encima de la Santa Sofía de Constantinopla. Sin embargo, su presencia en los Dardanelos se halla señalada por una aventura que merece contarse. El poeta era un gran nadador. Había heredado la afición a este ejercicio de sus predecesores, de sus abuelos, diestros marinos. Su habilidad era tal, que en Venecia le llamaban el pez de Inglaterra. Además, como su genio era adorador de la naturaleza, como su espíritu era profundamente panteísta, cuando se desnudaba para lanzarse al agua, creía volver al estado inocente del primitivo Edén, libre de toda defensa contra los elementos propicios y benéficos, sumergiéndose en el fondo de la vida universal y absorbiéndola por todos sus poros, con lo cual se dilataba su corazón hasta lo infinito, como el mismo Océano. Sabida es la tierna escena con que Ovidio ha ilustrado estos célebres lugares. A un lado están las riberas de Europa; al otro las riberas del Asia. Los dos mundos se miran desde el principio de los tiempos allí cara a cara, se acercan cual si quisieran abrazarse, y casi nunca se comprenden. Es el uno el mundo de lo infinito, de la religión, del despotismo, de la casta, de la fatalidad; es el otro el mundo de lo finito, de la filosofía, de la democracia, de la libertad. Y en aquellas dos riberas había, sin embargo, dos corazones amantes en otros tiempos. Eran Hero y Leandro. El padre de Hero, para preservarla de esta pasión, la había encerrado en fuerte torre levantada sobre una de las orillas, mientras Leandro se consumía de amor en la orilla opuesta. Mas no hay imposible que el amor no venza. Esa pasión que salva los tiempos, bien podía salvar el abismo extendido entre Europa y Asia. Cuando la noche venía sobre el Bósforo, cuando la navegación cesaba, cuando los dos continentes se dormían, Hero colocaba una luz en lo alto de su torre, y Leandro se iba a nado, teniendo por guía aquella estrella iluminada por el amor. Mil veces lo trajeron las sombras y lo ahuyentó la luz. Mil veces llegó aterido, fatigado, próximo a morir. Pero una mirada de Hero, un suspiro de sus labios lo reanimaban. Mas hubo una noche fatal. El mar traidor callaba y dormía; la luz de Hero centellaba en las sombras. Leandro corría a nado en pos de una palabra de amor. De pronto, el huracán se desata, las olas hierven, el relámpago despide sus siniestros reflejos sobre aquel delirio de la naturaleza estremecida, sobre aquel furor de las aguas rabiosas. Hero conoce que Leandro está en peligro, y se lanza desde la torre al seno de la tormenta. Al día siguiente flotaban juntos dos cadáveres que habían tenido por lecho nupcial los brazos de la muerte. Byron quiso probar si la expedición de Leandro era posible. Una milla hay apenas de costa a costa. Pero las corrientes son muy fuertes. La primera vez no pudo vencer la resistencia de las aguas. Pero la segunda triunfó. Era poeta en la fantasía, era poeta en el genio, era poeta en la vida; último y sublime representante de las edades artísticas reemplazadas por nuestro tiempo de industrias y de prosa.

De todas estas larguísimas expediciones trajo Byron dos cantos de *Childe-Harold* y el *Giaour*, La misma incertidumbre que tenia respecto a sus ideas tenia también respecto a sus obras. Mal juez de sí mismo, estimaba en más el difuso comentario de Horacio que las melancólicas páginas de la odisea, en la cual se ve el espíritu humano dolorido por sus dudas, encorvado bajo el peso de la rica herencia de sus ideas, atravesando el campo-santo de los pueblos muertos, y sintiendo en aquellos montones de petrificados huesos el calor de la vida. Su deseo no reposaba un momento. Desbordando los límites demasiado estrechos concedidos por nuestro organismo a su desarrollo, corría siempre inquieto en busca de nuevas emociones, sin examinar su naturaleza ni su origen, con tal que sacudieran profundamente el sentimiento. Byron pudo decir, transformando el entimema de Descartes: siento, luego existo. No estudiaba las ideas, el Universo, la sociedad, en el fondo de su gabinete, con el frío análisis de Goethe, ayudado por la experiencia de otros genios y por el trabajo de otras eda-des, no; medía la sociedad por sus propias pasiones, el Universo por sus propios viajes, las ideas por sus propias creencias; expresaba lo que sentía; y llegaba al arte, no por las inspiraciones de la fantasía, sino por la acción de la vida. Ver, experimentar, padecer o gozar, luchar, vivir más que pensar: he ahí el carácter de Byron. Su Evangelio es la acción. En su sentir, la poesía no es el sueño escondido en las profundidades del alma, sino el bajo-relieve grabado en las entrañas de la naturaleza. La tierra, la sociedad, el cielo se reflejarán en las corrientes de esta vida tempestuosa, tomando sus propios tintes. Individualista como su raza, lleno del *spleen* que se evapora de las nieblas, aristócrata por educación y por sentimiento, la necesidad de sentir le llevará al seno de la humanidad, al culto de las ideas más generales y más justas, como la necesidad de expresar sus sentimientos, para volver a saborearlos nuevamente, le lle-vará a la más sublime poesía. Hay ciertos hombres obser-vadores, que semejantes al ave de Juno, tienen una retina de extraordinaria clarividencia en cada uno de sus poros. Byron podía decir que en cada una de sus poros palpitaba un corazón. Sus cánticos vienen a ser la vibración de sus nervios. Sus ideas vienen a ser otras tantas sensitivas. El cuerpo humano es como un gran árbol, que después de pasar por las raíces, el tronco, las ramas, termina allá, en los confines del cielo, con esa flor esférica, la más bella de las flores, que se llama por su forma cabeza, por su contenido cerebro. Pues bien: la vida de Byron termina por el corazón. Yo creo que lo llevaba en la cabeza, y que allí era el péndulo, y la aguja, y la máquina que movía, que señalaba, que sonaba todas las ideas.

Las más altas montañas tienen huellas del primer fuego en que ardía la tierra. Ved si no el granito, y a pesar de su frialdad al tacto, os parece a la vista que aún arde por las refracciones del cuarzo, por las negras partículas semejantes a polvillo de carbón. Pues si el planeta lleva las huellas del fuego primitivo, el siglo lleva por doquier huellas de los dolores de Byron. Ha exprimido su corazón como una esponja sobre nuestra frente, y nos ha bautizado a todos con su sangre. No hay ningún hijo de este siglo, ninguno que si examina detenidamente su ser, no encuentre allá en el fondo oscuro de la conciencia algunas gotas de la hiel de la duda y allá en el fondo destrozado del corazón algún estremecimiento de desesperación. No hay ninguno, pues, que no lleve algún canto de Byron en la conciencia, como no había ningún hijo del siglo décimo-tercio, absolutamente ninguno, que no llevara algún fragmento del Infierno del Dante en la vida, algunos de aquellos tizones pegado a las carnes. Nuestro dolor nace de la desproporción del ideal que llevamos en el alma con las fuerzas y el tiempo que tenemos para realizarlo. Se necesitaría una vida inmortal, como la vida de la humanidad. Se necesitaría un universo como esa escala de la vía láctea, donde hay mundos de mundos, sistemas planetarios infinitos, hirviendo en una infusión de materia cósmica. Y tenemos por vida un minuto. Y vamos como insectillos rudimentarios ocultos en pobre átomo de polvo. He aquí el secreto de nuestro dolor. Y he aquí la grandeza de Byron: haber sabido quejarse.

Pero concluyamos en breves palabras este periodo de su vida, que abraza hasta el regreso a Londres. Deseoso de conocer más espacios y más tiempo, por consecuencia, más vida, pidió permiso para entrar en Egipto, a fin de perderse en esa inmensa necrópolis, donde se oye eternamente la voz austera de la muerte, mezclada con la riente esperanza de la inmortalidad. Pero este proyecto, que hubiera indudablemente agrandado los horizontes de la imaginación de Byron, no pudo realizarse por falta de dinero. El genio tiene atados a sus pies o sus alas, esos fragmentos de metal que le recuerdan siempre su cuna de barro y su sepultura de polvo. En vano Byron escribía a su administrador y a su madre pidiéndoles dinero. Ni uno ni otro podían satisfacer esta necesidad. El poeta proponía la venta de Rochdale para dispendiar sus productos en esa navegación espiritual por el océano de las-ruinas históricas. La única tierra de que no quería desprenderse era Neweste, porque allí había padecido mucho. Extraño, bien extraño huésped el dolor. Lo huimos y lo amamos. Tenemos un culto por todos los calvarios donde hemos sufrido. Y al fin de la vida amamos hasta nuestra corona de espinas y las llagas que la idea ha abierto en nuestras sienes, como las llagas que el sentimiento ha abierto en nuestro corazón.

Tal como iban los negocios particulares de Byron, no sólo era imposible ir a Egipto, sino difícil permanecer en Grecia. Una serie de empréstitos contraídos para alimentar las primeras locuras de su juventud, había caído como una capa de polvo sobre las ruinas de sus propiedades. A estos empréstitos habían sucedido largas series de pleitos que ahondaban todavía más el abismo de su perdición. Un escribano había puesto en venta el castillo que Byron deseaba guardar como la cuna de sus pensamientos, como el nido de sus primeros amores, como el panteón de sus ilusiones.

Por fin, abandonó a Grecia para volver a Inglaterra. Todo lo que traía de su expedición eran algunos pedazos de mármol, varios cráneos griegos encontrados en los antiguos sepulcros, tres criados, dos tortugas y una redoma llena con zumo de la planta que mató a Sócrates. Pero en realidad lo que venía de extraordinario al mundo occidental en aquel viaje, era el poeta, engrandecido por el espectáculo de tantas ruinas, por el baño en la vida de la naturaleza, por la experiencia de sentimientos inmortales, por la aspiración infinita al mundo de las ideas eternas, por ese dolor que es como una sed inextinguible, como un hambre insaciable, dolor del ideal, dolor de los dolores humanos, dolor que ningún sonido puede expresar, que en ninguna frase puede compendiarse, que es algo extraño, como los misterios de la muerte, como el magnetismo de la inspiración, como la electricidad del sentimiento; pero dolor sin el cual no puede haber, no habrá nunca un verdadero genio. La vida es una lucha. La gloria es el resultado de ese continuo combate del trabajo. El genio es como el fuego de un martirio lento. Se abrasan las carnes, hierve la sangre en el horno de las ideas. El corazón se retuerce en el dolor causado por la inmensa desproporción que hay entre la idea y sus pálidas manifestaciones. Toda obra de ayer parece descolorida, triste, y da pena. Toda obra de mañana halaga mientras se dibuja por los espacios del alma; pero disgusta en cuanto cae sobre su lecho mortuorio de palabras. Mas el dolor que siente por todos los dolores, la aspiración que tiene a todos los bienes, la necesidad de consolar, de socorrer, de alentar, obligan al genio a producir. Y en esta necesidad de su naturaleza llega algunas veces a producir sus obras maestras y a tocar con su frente en la inmortalidad. Entonces ya es un genio humano, ya pasa a representar uno de los símbolos del siglo en que ha nacido.

Y cuánto debemos agradecer su trabajo a los hombres extraordinarios que nos han hecho reposar en sus obras de arte. Ellos nos han dibujado un mundo encantado, envolviéndolo en el colorido de esa luz increada que se llama pensamiento. Así como al dejar el ruido, el polvo de las ciudades, y encontramos en el seno de los bosques, al pie de las montañas, a las orillas de los ríos, decimos: "Soy hombre;" al encontrarnos en comunicación estrecha con lo infinito, por medio de una obra de arte, decimos: "Soy humanidad." La belleza es la luna que baña de melancólicos resplandores las noches del alma. Las poesías son las alas que nos llevan por encima del ruido vertiginoso del mundo de la industria en que habitamos al cielo sin límites de lo ideal. ¡Benditos sean todos los poetas! ¡Bendita sea la hermosura, la inspiración, las artes, los ángeles que nos señalan como término de nuestra carrera lo infinito en Dios!

CUARTA PARTE

Desde su regreso a Grecia hasta su casamiento, es la edad de oro de Lord Byron. Los cantos primeros del *Childe-Harold* tan llenos de poesía, lo encumbran súbitamente a la cima del Parnaso inglés. En pocos días llega a ser el hombre más célebre de su país y uno de los hombres más célebres de su siglo. Los que antes le habían tan duramente criticado, lo ensalzan. La sociedad que antes le menospreciara, lo pone a su cabeza. Las damas se disputan una sonrisa de sus labios, los editores un verso de su pluma. Los más aristocráticos salones se abren a su paso para que reciba la corte de admiradores y respire a plenos pulmones el incienso de la alabanza. Envíanle nombramientos de honor los clubs más distinguidos. El príncipe regente lo invita a sus fiestas, y en presencia de toda la aristocracia inglesa, le aprieta las manos que sostienen aquella lira inmortal. La Cámara de los Pares, que lo recibiera como un joven oscuro, lo cuenta como una verdadera gloria. Y hasta los escritores protestantes ortodoxos, según observación de Macaulay, no se ensañan fuertemente con este joven sublime, que mina los principios cristianos por su base, a causa del esplendor de su aureola. Byron, cuyo principal atributo es la sensibilidad, bebe a grandes tragos en esta copa de oro. ¡El, disgustado siempre del mundo y de sus pasiones, cree posible vivir en aquella nube, como los dioses inmortales, oyendo un perpetuo himno en loor de su genio! La alabanza, el aplauso, la gloria, suenan gratísimamente al oído. Por algunos momentos cree el candido corazón que todas aquellas muestras de entusiasmo han de ser eternas, que todas aquellas flores nunca han de marchitarse. Olvida que hay en el fondo de la sociedad, como en el fondo de la naturaleza, el aguijón del mal para impulsar la vida, espoleándola, hiriéndola. Olvida que entra más cantidad de mal, de desgracia, en aquellas almas en que entra más cantidad de genio. La naturaleza, después de haber dotado a sus hijos predilectos con algunas de esas grandes cualidades propias para alcanzar la gloria, les exige que la merezcan por su trabajo y por sus luchas. Así es que en el fondo de todo genio hay siempre un abismo. No se lleva una corona de estrellas en la frente, sin llevar otra corona de espinas en el corazón. No se penetra en ese templo de la fama para escribir un nombre inmortal, sino a costa de escribirlo con sangre de las propias venas. A veces nace un genio, trabaja, lucha, cae, recae, muere olvidado en el camino de la gloria, y la posteridad, solamente la posteridad le conoce y le venga de las injusticias de su tiempo. Pero ¿qué más? Hay hasta en esos juicios póstumos que se creen definitivos e implacables, grandes alternativas y grandes eclipses. Shakespeare, el poeta más querido de nuestro siglo, ha pasado durante otros siglos por un bárbaro. No hay poeta académico, de esos que peinan la frase, cabelluda, pero sin seso, hasta convertir la prosodia y la sintaxis en el arte de un peluquero; no hay ninguno que no haya condenado el gusto del gran poeta y que no lo haya creído propio sólo para divertir a las gentes vulgares con sus monstruosidades y sus horrores. Y sin embargo, Shakespeare es hoy la mayor gloria de Inglaterra.

La vida es complicadísima, y por lo mismo, se halla erizada de dificultades insuperables. Y así como hay los grandes contrastes en la naturaleza, los hay en la sociedad. Junto a cada profeta que anuncia el porvenir, se levanta el magistrado que tiene el ministerio de conservar lo presente y que persigue al profeta. Junto a cada pensador nuevo, hay una asociación que se declara infalible. Junto a cada reformador, hay la eterna copa de cicuta. Parece que no pueden caer las semillas del bien sobre la tierra, si no se rompe el vaso que las contiene. Cada preocupación vieja se siente herida por la idea nueva, y la muerde. Cada privilegio persigue y calumnia a cada derecho que le contradice. La sociedad es movimiento. Pero los que vienen a moverla, caen siempre aplastados bajo su inmensa rueda. La sociedad es renovación. Pero los que vienen a renovarla, mueren perseguidos por los viejos errores. No podéis aspirar a la bendición de los venideros sino teniendo la maldición de los contemporáneos. Los animales feroces no se van sino después de una peligrosísima caza. ¡Cuántos genios caen, cuántos se malogran, cuántos mueren y desaparecen como sombras en estas largas correrías necesarias para limpiar la tierra de monstruos! La mayor parte de las gentes oree que, al arrancarles una preocupación o un error, a cuya sombra sus padres han vivido siglos y siglos, le arrancáis su alma y su Dios.

Y vosotras, almas-poetas; vosotras, que venís de regiones más limpias; vosotras, coronadas de flores, batiendo blancas alas, vestidas del éter; con un cántico inmortal en los labios y una lira en las manos, como los primeros ángeles que asistieron inclinados sobre el caos al nacimiento del Universo; vosotras, que lleváis el ideal como una estrella sobre la frente, y que vivís embebidas y estáticas en la contemplación de un mundo de ideas, que a nosotros, débiles mortales, sin vista tan penetrante como la vuestra, nos parece un mundo de sombras; vosotras no podéis venir aquí sino como a un abismo; no podéis penetrar en esta esfera de las realidades, sino tronchando vuestras alas y cubriendo de espinas vuestros pies; no podéis bajar desde el fuego donde habéis sido amasadas, a la frialdad de nuestras sombras, sin que el rocío de vuestras lágrimas, en el cual se descomponía la luz increada, se hiele en la caída y se convierta en granizo que apedree el vaso trasparente de vuestros corazones.

Indudablemente, el dolor de los dolores consiste en la desproporción que hay entre la idea de justicia, de belleza, de bien, y las realidades del mundo. El único medio de aliviar éste dolor es trabajar por la modificación de la realidad, cincelar el mundo, como el escultor cincela una estatua, hasta aproximarlo a la idea; y vivir y morir en la seguridad de que esta obra no se interrumpirá, sino que será continuada por otras manos. Todo poeta siente, lo que en lenguaje vulgar se llama el mal del país, el dolor del destierro, la nostalgia del cielo. Todo gran poeta es como un ángel desterrado. Byron sentía, como nadie, este mal inmenso, infinito. Lo que en Virgilio, en Petrarca, en Bellini, en Rafael es una tristeza melancólica, dulce, igual, como las noches de luna, en Calderón, en Cervantes, en Shaskespeare, en Miguel Ángel, en el Dante, en Byron es un dolor intensísimo, que toca ya en la desesperación, es como el bramido del huracán sobre el oleaje del Océano, es una inmensa tempestad. Hay muchos de estos genios que se han consolado desarrollando la virtualidad infinita de su alma en sus obras, Miguel Ángel se encierra largos años y llena la bóveda de la Capilla Sixtina de profetas, de sibilas, de titanes sublimes. Cada una de aquellas figuras le ha costado estremecimientos horribles de dolor. Todas las ha parido su alma destrozándose. Sus actitudes dicen que no caben dentro de los estrechos límites concedidos a las obras humanas.

Yo estoy segurísimo de que el gran dolor del artista se consolaría, se aliviaría, en medio del coro de sus hijos inmortales, de sus obras eternas. Pero Byron buscaba su consuelo en la vida real, en el mundo, en la copa misma de donde fluía su dolor. Así, ninguna de las mujeres que encontró correspondió al ideal de su mente.

Sólo se acercó un poco la condesa de Guiccoli. Ninguno de sus amigos le amó con aquel sentimiento de exaltación que Byron llevaba hasta el heroísmo. Ninguna de sus orgías satisfizo la fiebre de placeres ideados allá en el caos de su mente. Ninguno de sus viajes llenó la curiosidad de su alma, nacida para viajar por lo infinito. Entre las olas del mar y las estrellas del cielo; al través de las costas españolas, bruñidas por los rayos de nuestro espléndido sol; y la sombra de la Giralda y de los laureles del Alcázar de Sevilla; en la falda del Pindo y en la falda del Vesubio; entre los coros de las islas del Adriático y los coros de las islas del archipiélago; a orillas del Bósforo y sobre las ruinas de Roma; en las noches silenciosas de Atenas, cuando la luna bañaba con sus melancólicos resplandores la columna de mármol, a cuyos pies se extiende la hiedra y sobre cuyo destrozado capitel se cimbreaban las palmas, al soplo de las brisas del Egeo; en todos estos grandes teatros del arte y de la historia, en todo el mundo, encontró siempre el hastío que llevaba dentro de su alma. El mar cae como una gota de hiel y la tierra como un átomo de polvo en el abismo insondable del deseo. He aquí por qué la vida humana esa vida llena de aspiraciones a lo infinito, no es como el círculo que el niño produce en sereno estanque arrojando una piedra, sino como esa faja infinita de mundos que Dios produjo en el inmenso espacio arrojando una palabra. La vida humana es infinita. Desde el momento en que nos convencemos de esta verdad, modelamos los hechos que están al corto alcance de nuestra mano con arreglo al pensamiento de la mente; y dejamos aquellas ideas imposibles de realizar, que se esparzan como llamaradas misteriosas en la infinidad y en la eternidad de la vida futura, que se extiende hasta el seno de Dios.

Pero veamos a Byron luchar con la vida presente. El 14 de Julio de 1811 entraba en Londres, vigorizado por su viaje. A los pocos días encontró en Murray un editor que ha unido su nombre al nombre del poeta. En estos momentos le sonreía todo en la vida. Mas, como si hubiera un genio del mal empeñado en contrariarle, casi todas las personas amadas de su corazón murieron en esta época. Misterios singulares, bien singulares tiene la vida. Toda cuna se levanta sobre un montón de sepulcros. Vuestra existencia se eleva sobre una serie infinita de esqueletos perdidos en las profundidades de la tierra, como las raíces de un árbol. Contar vuestra genealogía es contar un montón de huesosa Y, sin embargo, hay cierta época de la vida en que la inocencia es la atmósfera del alma y el mundo un paraíso. Tenéis tanto tiempo delante de vosotros, que se confunde casi el horizonte sensible de la existencia individual con el infinito de la eternidad. No solamente olvidáis vuestra propia muerte, sino la muerte de todas las personas que os rodean; aunque el monstruo vive hiriendo, devorando y rumiando, eternamente suspendido sobre nuestras cabezas, como la araña sobre las moscas. Creéis que es imposible morir. Pero un día, en la primavera de la vida, en la flor de la adolescencia, empezáis por ver morir una de las personas más queridas, la joven que habéis amado, la madre de cuyo santo seno habéis recibido el calor de la vida, el amigo con quien habéis compartido vuestras alegrías. Ese contrasentido de la muerte os hiere en mitad de la frente y en mitad del corazón. Lo que más admira en presencia de un cadáver es la facilidad con que mueren los seres. Lo que más extraña es la continuación de vuestra vida, después de la desaparición de aquellas vidas sin las cuales creíais imposible respirar. Pero si no morís de pronto en esas horas supremas de las separaciones eternas, comenzáis a morir. Con el primer ataúd querido entregáis a las mordeduras de la muerte un pedazo del corazón. Después, poco a poco, veis caer seres que os son caros sobre la tierra humedecida por vuestras lágrimas, como las hojas secas sobre el barro del otoño. Y no solamente enterráis vuestras afecciones, vuestros amigos, vuestra madre, vuestra amada, sino que enterráis vuestras ilusiones, vuestras esperanzas. Y cuando llegáis a la muerte, llegáis como un árbol deshojado y seco, sobre el cual pone algunas veces el amor un nido como una promesa de la continuación de la vida para otras generaciones.

El primer golpe que Byron recibió fue la muerte de su madre. Poco cuidadosa de la educación de su hijo, demasiado violenta, al fin era madre. Hacía tiempo que la orgullosa señora presentía con resignación su muerte, pero con dolor que iba a morir sin ver a su hijo. Desgraciados de aquellos que no han recibido la última mirada de una madre en el momento de la muerte. Ese pálido y triste rayo del sol en el ocaso, está lleno de consejos de virtud y de promesas de inmortalidad. Si en el momento de cometer una mala acción o de abrigar una mala idea, os acordáis de que tenéis en el alma esa mirada bendita, que os pide una imitación de sus virtudes y de su amor para encontraros en otra existencia más serena; si os acordáis de que lleváis ese tesoro en el alma, ¡oh! no querréis, no, mancharlo ni con una sombra. Para apreciar el valor de la virtud, es necesario ver morir, en su divina serenidad, una madre virtuosa. Para creer en la inmortalidad, es necesario estudiar la muerte. La que reservó la naturaleza a la madre de Byron fue violenta, como había sido su carácter. Esta baya enferma cuando un mueblista le presentó una crecida cuenta por arreglos hechos en su menaje. Tomó una gran pesadumbre y le sobrevino una apoplejía que la mató como un rayo. No se vieron hijo y madre en esta hora suprema. Cuando llegó Byron, se asentó inmóvil a la cabecera del ataúd. Un sollozo amarguísimo salió de su corazón, reprimido pronto por su indomable voluntad. El joven poeta siguió las costumbres de los pueblos meridionales, que no tienen valor para acompañar los seres amados hasta el pie de la fosa, como hacen los franceses y los ingleses. Cuando el cadáver hubo salido de la casa, invitó a uno de sus criados a sostener con él esas apuestas y esas partidas de puñetazos frecuentes en Inglaterra. Buscaba en estos ejercicios del cuerpo una distracción a las tristes ideas de su alma; pero pronto, rendido a la fatiga moral, e incapaz de sostener su fingida serenidad, se encerró en su cuarto y se entregó al torrente de sus lágrimas.

Los eslabones de la cadena de la vida se rompen con una admirable facilidad. Los tres amigos más queridos de su infancia murieron por aquellos días. El que más lloró Byron fue Edleton, corista de Cambridge, niño de figura celestial y voz dulcísima, que ya anunciaba desde los primeros años no ser en el mundo sino una fugaz aparición, como las ilusiones, como las flores, como las mariposas. Fue tanta la angustia del poeta, que redactó un testamento como si no creyese imposible sobrevivir a los rudos golpes de la adversidad. Escrito de su mano, tenía el testamento un laconismo trágico. Repartía todos sus bienes entre los legatarios legítimos. Imponíales como una obligación imperiosa un entierro modesto, oscuro, para su cadáver, en el jardín de Newsteard; pero sin molestar ni incomodar a su perro allí enterrado. Sus nervios se rompían como las cuerdas de una lira demasiado tirantes. Pasaba sus días en una languidez cercana a la muerte, y sus noches en una soñolencia cercana a la locura. No tenía refugio en su hogar desierto, en el corazón de sus amigos, ya todos muertos, en el seno de su pensamiento, más triste que todos los sepulcros. La mujer que había amado en brazos de otro. El hijo de esa mujer idolatrada, que debiera ser su hijo, atormentándolo con sus besos, con sus caricias, que le recordaban la fortuna de su rival. Todo el aire en torno suyo oscuro, toda la tierra bajo sus pies desierta, todo el pensamiento una tempestad, todo el corazón una llaga. Entonces, desesperado, preguntando, como Job, el origen de tantos males apenas comprensibles, juró entregarse al mundo con furor y en el mundo al crimen. Y entró en la vida social nuevamente con maldición en los labios, pero con la bondad en el alma.

Los años de 1812, 1813 y 1814 fueron los tres años de la gloria de Byron. Indudablemente es el período más dramático, pero también más desconocido de su vida. Las memorias, que el poeta había escrito en estilo superior al de sus versos, si hemos de juzgar por algunos fragmentos, esas memorias, que debían ser uno de los más seguros testimonios históricos de la época, han desaparecido por la gazmoñería de la aristocracia inglesa, pintada allí, como suelen los grandes pintores, al desnudo. Un día Byron estuvo a punto de tener un duelo con Moore, poeta irlandés. El duelo concluyó en un banquete. De este banquete salieron Byron y Moore amigos. Esta amistad fue ya inmortal en el corazón del poeta, y le obligó a entregar sus memorias a Moore.

Pero Moore, este irlandés astuto, de helado corazón, deseoso de frecuentar la alta sociedad, incapaz de decir una verdad, posesor de secretos inmortales en que representaban varios cómicos o trágicos papeles diversas grandes señoras de alto nombre, rompió aquél espejo donde se veían la faz del poeta y la faz de su tiempo. Así es que no tenemos la clave de muchos sucesos, la fuente de muchas ideas, la narración de muchas aventuras; no conocemos bien los tres años genesíacos de la vida de Byron. En 1812 se instala en Saint James-Street, número 8, en el corazón de Londres. Estaba en el esplendor de su gloria, en la irradiación más luminosa de su varonil hermosura, en aquella época de lucidez mental en que sus labios despedían oráculos, sus miradas imperioso magnetismo. Aquél hombre tenía trasparencia en la frente. Veíase en sus ojos chispeantes y de color indefinible, una luz inmortal. Todo cuanto se ha modelado para expresar el genio, antes o después de él, se le parece, "desde el Apolo de Belvedere, hasta el busto de Napoleón; por Canova. Aun recuerdo el día que vi este busto en una de las mesas del maravilloso palacio Pitti, en Florencia. El busto no es un retrato, sino una apoteosis. El escultor ha visto el Napoleón de Manzoni con el genio, la gloria, el heroísmo, la inmortalidad, la inspiración sobre su frente, el mundo a sus pies, dos siglos batallando a su lado, y cubriéndose las sienes con sus relámpagos. Los escultores de los grandes tiempos del Imperio Romano esculpían así los Césares, cuando deseaban levantarlos a los altares de la inmortalidad. Es aquella la cabeza de un Dios. Pues bien: no lo querréis creer; creí al primer pronto por el parecido que era la cabeza de Byron. Acaso no sea posible pintar o modelar el genio, sin pintar o modelar algunos de los rasgos de esa fisonomía verdaderamente apolínea, donde la inspiración ha dejado sus inmortales resplandores.

Esta savia de juventud y de genio brotaba en escritos y en discursos. Byron entró nuevamente en la Cámara de los Lores y pronunció tres oraciones. En las tres mantuvo la causa justa por excelencia, la causa de los oprimidos. Jamás la palabra humana, ese don de los dones, podrá tener empleo tan glorioso como el de consagrarse a la defensa de la justicia. Así, muestra que no hay en la naturaleza música comparable a la música de la palabra, cada una de cuyas notas es una idea, o cada una de cuyas ideas la semilla de un mundo. Mancharla con el sofisma, es un error; pero mancharla con la adulación, es un crimen. La elocuencia es la trompeta de un ángel que llama al Juicio de Dios a los tiranos, y abre los cielos infinitos de una nueva vida. Byron tenía todas las facultades del orador, todas: sensibilidad, imaginación, idea, voz flexible, respondiendo a los varios tonos del pensamiento, palabra abundosa, claras nociones de justicia. Solamente le faltaba fijeza de vocación. Su genio inquieto le llevaba a otras cimas del arte donde su sobresaliente individualidad pudiera desarrollarse en todas direcciones sin ningún obstáculo. Byron necesitaba volar. Su alma se creía demasiado cerca de la tierra en la tribuna. Y allá, en la poesía, desarrollábase en toda su plenitud. Pero los tres discursos que de él nos quedan, sin ser extraordinarios, nos obligan a lamentar que sus grandes desgracias le arrojaran de Londres, y, por consiguiente, de la tribuna británica, antes de haber dado mayor desarrollo a sus facultades. El primer discurso tenía por objeto impedir la promulgación de una ley cruel contra los trabajadores que, acosados por el hambre, destrozaban las nuevas máquinas con las cuales se obtenían ahorros de brazos. El segundo tenía por objeto sostener la emancipación de los católicos, perseguidos por la intolerancia protestante. El tercero, presentar una queja al Parlamento del mayor Cartwright, jefe de la liga para la reforma parlamentaria, molestado por la policía en su radical propaganda de estos principios: parlamento anual, voto para todos los ciudadanos. De suerte que en todas las cuestiones que aun agitan a Inglaterra, en el problema del trabajo, en la emancipación de los católicos, a cuyo término vamos a llegar, gracias al empeño de Gladstone, y en la re forma electoral, Byron ha dejado huellas de su genio, defendiendo siempre la causa de la libertad.

El mundo lo arrastraba en sus torbellinos y en sus pasiones. Gustábanle a la sociedad extraordinariamente las poesías de Byron, pero asediándolo de continuo con sus seducciones, apenas le dejaban tiempo al poeta para escribir otras nuevas. Aseméjase la sociedad a esas gentes que para mirar u oler una rosa, comienzan por arrancarla de su tallo. Ignora que toda grande vocación necesita un culto continuo y casi exclusivo. El éxito de *Childe-Harold* fue extraordinario. Inglaterra sentía su tristeza en aquella sublime tristeza; su genio aventurero en aquella odisea del occidente al oriente de Europa; su orgullo nacional en aquellos cantos consagrados a la guerra contra Napoleón; y el pensamiento de su siglo en aquella alma gigante, que tenía, a pesar de sus dudas, un recuerdo para todos los sacrificios y una simpatía para todas las heroicidades de la historia.

Hubo en tomo suyo una tempestad de entusiasmo. Los ingleses, a fuerza de brazos, sofocaban a su ídolo. Byron no podía respirar en aquella copiosa lluvia de flores. No hubo sociedad, no hubo salón que no quisiera su presencia; no hubo ni hombre ni mujer célebre que no buscara su amistad. Los mismos a quienes había más despiadadamente flagelado en sus sátiras, le perdonaban todo y hasta enorgullecíanse de aquellas heridas causadas por la lanza del joven dios de la poesía. El año de 1813 fue un año triunfal. En él vio levantarse como un sueño el templo de su gloria, y vio a la primera de las naciones a su pies, ofreciéndole enajenada la corona de su genio.

Y, sin embargo, sentía el hastío. La gloria era para él amarga, el entusiasmo vano, las pasiones encontradas en estos senderos de laureles, venenosas. Su alma devoraba ese disgusto de la realidad, contra d cual sólo tenía él poeta un refugio: lo ideal. Y práctico por excelencia, realista, hería la tierra con el pié, buscando el manantial de sus goces. Y el goce eterno para las almas grandes, la bienaventuranza, es la contemplación estática de una idea; y el trabajo, el combate diario por realizarla. Pero en Byron las ideas eran llamas vacilantes que ardían o se apagaban al viento de sus pasiones. A estas dudas acompañaba la natural incertidumbre. No sabia qué pasión cultivar para encontrar la dicha serena, igual, que constituye uno de los encantos de la vida.

Para la amistad era ya tarde, y además, todos sus amigos de la infancia habían muerto. Para el matrimonio era tempr3,no, y además, ninguna mujer le atraía hasta el punto de poder entregarle su vida. "Maldición, decía; no podemos vivir con las mujeres, y tampoco podemos vivir sin ellas." La duda era la serpiente que llevaba enroscada a su corazón y que escupía veneno en todos sus placeres. Contra este mal crónico ideaba una mujer fantástica de sobrenatural hermosura, en cuyos brazos descansara un momento. Pero era mentira, y le disgustaban las mentiras. Tras del desencanto volvía a la realidad, iba a la casa de un amigo casado, feliz, con hijos, a ver si aprendía, como en una escuela práctica, la felicidad doméstica. ¡Oh! No sabía las satisfacciones que tiene el mundo para los caracteres vulgares, cuando se imaginaba capaz de aprender lecciones prácticas de ventura doméstica. ¿Dónde encontrar por los senderos de la tierra el ángel de los ensueños? ¿En qué sociedad le darían un seguro contra las tempestades del alma? ¿Qué para-rayos descargará la nube del pensamiento? ¿Qué puerta ni qué cerrojo oponer a ese relámpago de las súbitas inspiraciones que culebrea por el cerebro y fatiga todos los nervios, haciéndolos estremecer y temblar de dolor? ¿Qué medicina contra el genio, esa epilepsia del alma? ¿Sobre qué tierra descargar ese peso abrumador de la grandeza humana? La enfermedad de Byron era inmortal. Si no ha encontrado lo infinito, lo eternamente bello, en otro mundo mejor, todavía padecerá su alma la sed inextinguible que lo devorara, y que fue su gloria porque fue su tormento.

El amor correspondido pudo ser la felicidad del poeta. Solamente en él encuentra reposo el alma. El amor equilibra todas las facultades, dulcifica todas las pasiones, da el opio del grato olvido contra la adversidad, y un éxtasis que reduce la vida a un punto, al objeto amado, en el cual se resume el Universo. Ya no importa la duda, porque al menos tenemos una fe. Ya no importan las ingratitudes humanas, porque tenemos al menos una amistad. Ya no hay realidad de la vida que nos asuste, porque se convertirá en paraíso con la presencia de la mujer amada. Ni en la muerte nos va gran cosa con tal que nos encierren a los dos en el mismo sepulcro. Se han confundido dos almas, y en su confusión se ha creado un cielo. He aquí la ventura que buscaba Lord Byron. Pero fue desgraciado, acaso porque sintió de la pasión el sacudimiento eléctrico y no el resplandor eterno. Tuvo algunos amores pasajeros. Tuvo una amistad con Madame Staël, amistad más bien de inteligencia que de corazón, nacida de las extraordinarias proporciones de dos almas que se comunicaban sin comprenderse, y que mutuamente se gustaban sin amarse.

Hay dos mujeres que han dejado en el alma de Byron inextinguible huella. Hay dos pasiones que han sido la clave de su destino; pasión adúltera la una, pasión legítima la otra; desgraciadas ambas, causas generadoras de todos sus infortunios. Carolina Lamb es la primera que emponzoñó sus días. Hija de una de las principales familias inglesas, educada para las letras, de nervioso temperamento, de imaginación exaltadísima, su amor a las lecturas romancescas, su entusiasmo por la poesía habían exacerbado casi todas sus pasiones y dádole invencible inclinación por las aventuras. Fluye corriente ponzoñosa siempre del error que consiste en no trazar la línea divisoria entre el mundo de la poesía y el mundo de la realidad. La joven era, pues, una heroína de novela. El marido que sus padres le habían dado no era idóneo para contrastar estas exaltaciones de una fantasía arrojada de continuo como cohete incendiario en medio de las realidades prosaicas de la vida. Pero aquél matrimonio fue algún tiempo feliz. Ora proviniese su felicidad de mutuo amor, ora de que ninguna ocasión había encendido la fantasía de Carolina, lo cierto es que sus días se deslizaban tranquilamente, en la paz doméstica. La joven leía sus escritos a una inteligente sociedad reunida en espaciosa Biblioteca, y aquellas ocupaciones llenaban su vida, y aquellos aplausos satisfacían su ambición. Ningún matrimonio más feliz en Londres que este matrimonio.

Pero cierta noche se encontraron Byron y Catalina en casa de Lady Jersey. La joven se sintió herida súbitamente por aquella mirada de poeta. Ella, que tantas veces pintara el amor, no lo había sentido hasta aquel momento de perdición. Las fantasías de sus novelas se cristalizaron en una pasión que vino a ser toda su alma, toda su existencia. El magnetismo poderoso, que poseía como un talismán aquél genio extraordinario, la atrajo invenciblemente. Las fuertes alas del alma de Carolina quedaron pegadas al corazón de Byron. Ya desde aquél momento no hubo para ella arte, poesía, mundo, cielo, idea, vida, sino para el amor. No la había seducido; la había fascinado. Sin respirar, sin pensar, dirigíase hacia aquella pasión en cuyos círculos caliginosos iba a dejar la felicidad, la honra y la vida. El mundo le ofrecía toda suerte de atractivos, la riqueza sus tesoros de placer, la sociedad su respeto, las letras su miel y no su acíbar, el matrimonio su santa serenidad, tres hermosos hijos ese amor que debe rebosar en el corazón de una madre; y todo lo olvidó por su loca pasión. Nada vio, de nada se acordó; ninguna batalla sostuvo con su propia conciencia, a ningún remordimiento plegó su voluntad: la honra y hasta el pudor huyeron arrancados por aquél rayo que se desprendió rápidamente de un cielo sereno. Carolina creyó en aquella noche que desde toda una eternidad había sido predestinada para Byron, y que lanzarse en sus brazos era tan natural a su ser como a los cuerpos inertes buscar su centro de gravedad. El fatalismo sirve siempre para disculpar la voluntad ante la conciencia. Pero no se contentó con revelarse a su amado, se reveló al mundo. La historia no recuerda un suicidio semejante de la honra. Nombre de su esposo, gloria de su familia, amor de sus hijos, los instintos más poderosos del alma, todo fue arrojado a las llamas de la pasión con estrépito, llamando loca furiosamente al mundo para mostrar el crimen, y riéndose de la tonante voz de Dios, que debía resonar en su alma con la siniestra resonancia del remordimiento.

Byron naturalmente compartió por algún tiempo aquella pasión. No podía desasirse de unos brazos que le estrechaban fuertemente en la embriaguez del delirio. Pero pronto su corazón se congeló, y su voluntad no pudo corresponder a la voluntad de Carolina. Su pasión, si pasión hubo en él, se quedó consumida en el incendio como la mariposa en la llama. Es muy difícil equilibrar la temperatura de dos corazones cuando uno de ellos arde en combustión extraordinaria. El menos apasionado se deshace en aquella temperatura como si fuera de hielo. Además, el castigo de los amores múltiples, cambiantes, el eterno castigo de los goces sensuales, que saltan de flor en flor, es la sociedad. Ninguna mujer puede fijar por mucho tiempo al que persigue a todas las mujeres. Ninguna pasión puede anidarse en el corazón que ha sustituido al sentimiento las sensaciones. Y Byron se hallaba entregado entonces a demasiadas aventuras para que pudiese aislarse del mundo en la contemplación de una sola mujer que le adoraba estática.

Carolina creía que sacrificando familia, esposo, hijos, nombre, a los pies de su ídolo, conseguiría de sus sentimientos de justicia lo que acaso no podía esperar de los sentimientos de amor. La sociedad se indignó ante esta tragedia. Las nobles inglesas perdonaban a Carolina su pasión, pero no le perdonaban el escándalo. Byron sentía sobre su alma un doble peso: aquella pasión no compartida por él, y aquél ridículo que sobre ambos caía. Pero a medida que su amor bajaba, subía el amor de Carolina. Ciertamente, el comienzo novelesco de aquellas relaciones le fijó un poco. Carolina se presentó en casa de Byron disfrazada de lacayo, diciéndose portador de una misiva. Inmediatamente la reconoció Byron. Pero aquello no era solamente una aventura, era una pasión devoradora, intensa, infinita, que venía a reclamar toda una vida, toda un alma. Carolina se había engañado tristemente. A los pocos días sus amantes brazos eran una cadena cuyo peso no podía sufrir aquella individualidad de Byron, poderosa, libre, indócil a todo yugo y disgustada de placer, aquella individualidad cuyas ideas cambiaban como los matices de un lago, cuyas pasiones giraban como los caprichos del viento. Aguijoneada por la pasión, desplegó Carolina toda la intensidad de su carácter exaltadísimo.

Ningún respeto humano guardaba. Las cartas menudeaban. Le daba citas en su misma alcoba estando en Londres su marido. Cuanto mayor era el peligro, mayores las quejas, mayores las furibundas reconvenciones de la pobre enferma. En una de estas escenas, en el momento en que gritaban más fuertemente, el marido llama a la puerta del cuarto de la adúltera. Situación horrible, suprema. Byron no sabe a qué expediente recurrir para salvarse. Entonces, con aquella extravagancia propia de su carácter, finge ser un ladrón, saca un puñal que agita convulsivamente en su mano derecha, toma un aderezo que ostenta deslumbrador en la izquierda, y sale, con grave peligro de ir a dar en manos de un *policeman* y de pasar ante todo el mundo por miembro de las partidas de criminales británicos. Pero en el desorden de esta tragi-comedia deja su querida dándose golpes contra los muebles, presa de un ataque nervioso, y para que nada falte a la escena, cáesele del bolsillo una carta en cuyo sobre ataban escritos su nombre y sus señas.

Esto no podía continuar así. Hubiera corrido Byron gravísimos peligros por una mujer amada, pero no por una mujer que le era indiferente. Cuando se disgustó de la pasión, se refugió en la moral. Escribíale cartas bruscas, recordando a veces brutalmente a Carolina sus deberes de esposa y de madre. Encareciíale todos los peligros que ambos corrían por sus imprudencias, y la necesidad de acabar prontamente con aquella situación angustiosa. Carolina, en cambio, se imaginaba dueña del corazón de Byron y defendía aquella propiedad con violencia. Celábale, seguíale a todas partes. No hay para qué referir ni ponderar las infidelidades de Byron. Cierta noche recibe en su casa a una dama. Apenas había entrado, cuando aparece a la puerta un postillón que rápidamente se metamorfosea en una mujer. Era Carolina. Byron mismo califica este suceso de "Escena del *Faublas*."

No tenía remedio. Igual empeño en ambos: en él por romper aquella pasión y en ella por conservarla. No había respeto social que Catalina no atropellase para atraerse el amor, la compasión al menos, del hombre fatal a quien había entregado su alma. Sácanla cierta noche a bailar en uno de los más brillantes saraos de Londres. Y tímida, ruborosa, dirígese al poeta para pedirle permiso. Sin duda recordaba los lamentos de Byron, cuando se quejaba en sus primeros versos de que profanos brazos entrelazaban en rápido vals la cintura de su María. Pero Byron responde bruscamente que era inútil pedir permiso a quien no tenía ni derecho ni voluntad de ejercer sobre ella ningún dominio.

Entonces Carolina se exalta, grita, se retuerce de dolor presencia de todo el mundo, ni más ni menos que si estuvieran solos. La malignidad general se reía del glorioso poeta perseguido por aquella loca pasión. Miles de aventureros se acercaban a la pobre desdeñada, deshonrada, ofreciéndole su amor y una venganza. Carolina dijo a uno de ellos que no le amaba; pero que ofrecía entregarse a él, si provocaba a un duelo a Lord Byron y lo mataba.

En todo esto veía Byron la exaltación de una fantasía desordenada; pero en realidad era la exaltación de un corazón enamorado. Esas locuras eran pruebas de amor, pruebas de celos, pruebas de que su pasión tocaba en delirio. Un día no pudo sufrir más, y decidió volver a casa del poeta, echarse a sus pies, bañarle en lágrimas las manos, pedirle su amor o pedirle la muerte, menos temible viniendo de sus manos que aquél prolongado martirio. Entró en la habitación, en aquella habitación a la cual se hubiera reducido por toda una eternidad con tal de tener a su lado el ingrato. No había nadie. Carolina se gozó en recorrer todo el salón, y en registrar todos los muebles con esa tenacidad con que las almas apasionadas se unen a cuantos objetos alimentan su pasión. Reclinóse en los almohadones donde Byron se reclinaba. Sentóse en la silla donde se sentaba Byron.

De pronto vio sobre la mesa el libro favorito de su amante. Enternecida por los recuerdos, embriagada por el aroma que se desprendía de aquellas páginas queridas, cogió un lápiz, lo besó, lo humedeció en aquél beso, y luego trazó, dejando caer allí mismo algunas lágrimas, esta súplica de aquel corazón destrozado: *Remember me*; acuérdate de mí.

Byron, que estaba decidido a no conmoverse, vio en el ruego una amenaza. Cogió febrilmente su pluma, y trazó estas palabras que le envió bajo un sobre: "¡Acordarme de ti! ¡Acordarme de ti! Hasta que el Leteo no se haya sorbido el ardoroso torrente de tu vida, el remordimiento y la vergüenza resonarán en tus oídos, y te perseguirán

como un delirio en la fiebre. ¡Acordarme de ti! Sí, no lo dudes; me acordaré. Y también se acordará tu marido. Ni uno ni otro te olvidaremos. Para él fuiste una adúltera y para mí fuiste un demonio." Esto fue horrible, cruel, Carolina sintió la herida y juró vengarse. El amor se convirtió en odio. No pudo esgrimir un puñal, y esgrimió una pluma. Llenó de veneno su tintero, y lo volcó sobre el nombre de Byron. Reveló al Universo su propia vergüenza. Enseñó a la sociedad su seno adúltero, como Agripina su vientre desnudo cuando fueron a matarla despiadadamente los esbirros de su hijo. En seguida la sociedad entera huyó de su lado por no envenenarse con aquella peste moral que despedía su alma. *Glenarvon* se llamaba el libro de su venganza, y en él describía a Byron como el genio del mal, con la seducción y con la perversidad de la serpiente que perdió la primera mujer. Olvidaba que en aquél caso Byron no había sido seductor, sino seducido. Fue adúltera Carolina, pero pagó caro su adulterio. Envejecida en la juventud; desgraciada en el seno de un hogar espléndido; maldecida de la sociedad donde tanto había brillado; enterrada viva con un marido que era su juez y unos hijos que eran su castigo; miserable en su riqueza estéril; infamada por sus propias obras literarias, con cuyo éxito se divulgaba más y más su deshonor y su vergüenza; llorosa, siempre delirante, pero sin alcanzar la compasión; por vida la fiebre, por consuelo el recuerdo de una felicidad pasada, que era su tormenta, presente, por todo porvenir el desprecio del mundo y el torcedor de la conciencia, por toda esperanza el triste olvido y la muerte: una enfermedad moral, seguida de una enfermedad física, la postraron pronto en la perdurable languidez de un abatimiento que debía prolongarse hasta el sepulcro.

Un día, el poeta a quien aquella mujer había descrito, como un malvado, murió en Grecia como un héroe. Su última voluntad fue que depositaran sus cenizas en la patria ingrata que no había querido honrarse con su genio. Carolina salió casualmente a tomar un rayo de sol a la verja de su castillo. Aquél rayo de sol buscaba al través de las nieblas el ataúd del genio amante de la luz. En efecto, en aquél mismo instante pasaban por el camino, por la puerta, delante, de la verja donde Carolina estaba; pasaban hacia la tierra eterna, hacia el descanso eterno, los huesos de Byron, aquellos huesos que cuando irradiaban la vida, abrasaron en deseos impuros el seno de la solitaria castellana. Un féretro, los encerraba, un paño fúnebre los cubría; un perro acompañaba el féretro, dando lastimeros aullidos. Carolina lanzó un grito desgarrador, y cayó al suelo. Su familia la alzó para llevarla a su cama. No volvió a levantarse. De aquella cama pasó a la tumba.

Fatales fueron para Byron su genio y su hermosura. Donde otros hombres hubieran hallado un manantial de goces, encontraba él un manantial de dolores. Con razón se comparaba Byron a su abuelo, el cual, siendo un marino extraordinario, no se embarcó jamás sin ver desencadenarse las tormentas. Así el alma del poeta no entraba en corazón alguno sino para destrozarse y destrozarlo. Toda la miel que atesoraba en su fantasía, trocábase en acíbar al contacto de la realidad. Había no sé qué amargura en las pasiones de aquél hombre, había no sé qué fatalidad en su vida. Sus besos quemaban. Asemejábase a uno de esos héroes griegos, jóvenes, bellos, tan hábiles en esgrimir la espada como en pulsar la lira, amados de una hermosísima mujer, vencedores en las batallas y en los juegos; y sin embargo, condenados desde la cuna por et destino a las furias infernales. Contra esta fatalidad trágica de su existencia no había más que un remedio: renunciar a la vida aventurera, entrar en las condiciones de la vida ordinaria, fabricarse un hogar fuera del alcance de las tempestades, unirse a una mujer amada, sí, pero tranquilamente amada, con esa pasión serena e igual, bajo cuyas alas solamente puede ser feliz el matrimonio.

La idea, sin duda, más salvadora de Byron fue la idea de su casamiento. Debió llegar a ella por un estudio de su propia vida y por un consejo imperioso de su conciencia. Por fin halló la mujer a quien debía entregar su destino. Hija única de poderosa familia, educada puritanamente, erudita en metafísica y en matemáticas, fría de carácter, orgullosa de su nombre aristocrático y de sus soberbias virtudes, engarzada en las costumbres inglesas y en las leyes sociales de su tiempo como en su centro de gravedad, capaz de elevar la etiqueta social a un dogma tan imperioso e indiscutible como el Corán, era por lo mismo incapaz de comprender a Byron, ni de serenarlo acariciándolo, para lo cual necesitaba perder lo que ella no quiso perder ni un día, su implacable serenidad, y entrar donde no quiso entrar ni un momento, en los torbellinos del genio.

Miss Millbank era su nombre. Casta joven, había osado protestar contra el amor tempestuoso y turbio que inspiró el *Childe-Harold*, en versos que corrieron de mano en mano y provocaron la fatal curiosidad de Byron. Una alondra osaba desafiar desde su humilde nido al águila audaz, cuando tenía las nubes como telas de araña entre sus garras, los rayos como secas pajas bajo sus alas, el espacio infinito como una cresta sobre su cabeza, y el sol en su retina. El poeta quiso conocer esta siniestra corneja que desconcertaba en el coro infinito de sus admiradores. Supo que debía ir a una de las reuniones de Lady Strafford, y fue él también a la reunión. En la entrada tropezó y estuvo a punto de caer. Un romano se hubiera vuelto a su casa. Estaba la joven muy sencillamente vestida, sentada en un sofá, respirando candor virginal y encantadora modestia. Sus facciones eran delicadas, aunque irregulares; su talle flexible, sus maneras sencillas; todo en ella contrastaba con los artificios de la sociedad inglesa.

Byron tenía la cualidad por excelencia del genio: la franqueza. Miss Millbank, la cualidad por excelencia de los débiles: la astucia. El poeta llegó pronto a una declaración. Su amada a una de esas negativas que aguijonean el deseo porque no le quitan la esperanza. Esta negativa debía dar al afecto de él apariencia de pasión, y a la refinada coquetería de ella una segura victoria. Un año pasó así, en la vacilación y la duda, entre indomables aspiraciones del carácter que le arrastraban hacia las batallas del mundo, y severos consejos de la conciencia que le llamaban a la tranquilidad del hogar. Es imposible decir cómo este sátiro sublime deseaba todas las sensaciones: sorberse la vida de un trago, enroscarse como una serpiente gigantesca al árbol del Universo, desde las raíces hasta la copa, agotar el espíritu y la idea, pasar de un salto a la grada última de la infinita escala de los seres, perderse en la eternidad, como echándose a nadar en su insondable océano. Y sin embargo, luego se encoge, se achica, baja a la realidad, comienza a llorar como un niño, se contenta con tener por amigo un perro, por felicidad el pequeñito corazón de una mujer vulgar, y con todas sus ideas, con su conciencia, con su corazón, con sus aspiraciones, juega a la pelota. Pero no se puede golpear así el corazón y el cerebro sin maltratarlos, sin herirlos, sin mancharos y mancharlo todo con vuestra propia sangre. A Byron se le pueden aplicar muy justamente estas frases de Emerson: "La historia de Thor, que estaba condenado a beber en el cuerno de Asgard, y a luchar con una vieja, y a correr con el andador Lok, y le resultó que se había bebido el mar, había luchado con el tiempo y había corrido con el pensamiento; esa historia representa aquellos de nosotros que se ven forzados a medirse, en medio de futilidades aparentes, con las supremas energías de la naturaleza."

Por fin decidió Byron casarse. Su elección recayó sobre la joven puritana que la sociedad aristocrática y monárquica de Londres contaba entre sus ídolos. La sencilla y modesta criatura que vio sentada en casa de Lady Straffortd iba a ser su esposa. Aunque heredera de una colosal fortuna, en aquél momento no tenía riquezas; primera tentación para Byron. Por lo mismo que pertenecía a la sociedad aristocrática y protestante ofendida de su jacobinismo, deseaba Lord Byron convertirla. Por lo mismo que tenía un carácter imperioso, deseaba Lord Byron dominarla. Por lo mismo que había escrito una especie de Anti-Byron, deseaba demostrar que era aquella joven *tory*, como Federico de Prusia, el cual escribía un Anti-Maquiavelo y practicaba el maquiavelismo. Error, error. En vez de entrar en el matrimonio por la puerta de la realidad, entraba, como en todas partes, por la puerta de sus ensueños, muy expuesto, pues, a tropezar y a caer sin remedio en un abismo sin fondo. Por fin, allá por el mes de Septiembre de 1814, escribió una carta ludiendo definitivamente la mano de Miss Millbank. Cuando acababa de escribirla, entró uno de sus amigos, opuesto a semejante enlace, leyó la carta, y le pareció tan bella, que no quiso ver perdida y sin objeto aquella obra de arte. La carta fue remitida a su destino. Cinco días pasó en una mortal ansiedad. El 20 de Septiembre, la musa del antibyronismo prometió su mano a Byron. Dos cartas le fueron remitidas, una a su castillo y otra a Londres. El poeta deliraba de entusiasmo. Creíala ya madre de futuros gracos. Dábale en su alma todas las perfecciones. Enorgullecíase de pasar sobre seis pretendientes desairados. Y en su entusiasmo, sólo sentía no ser mejor para merecer tanta dicha.

Prodigiosa flexibilidad la de aquella alma. En la infancia, parecía un ser gastado e inútil para el sentimiento, y en la madurez de la vida, parecía un adolescente que por primera vez sueña con las delicias del amor. Pagó con gusto ciento cincuenta libras que había apostado a que no se casaría nunca. Discutió muy gravemente si debía llevar frac negro o frac azul a su boda. Y escogió por día nupcial él día 2 de enero de 1815. Por aquellos días se encontró en su jardín uno de los hortelanos, cavando, el anillo nupcial que enlazó a sus padres en aquél tan desgraciado matrimonio de que Byron había nacido. El poeta lo llevó para anudar su matrimonio, más desgraciado todavía. Levantóse el día de la boda con un malestar infinito. Para distraerse un tanto, buscó, como siempre, un refugio en la madre naturaleza, y dio largo paseo por uno de esos bosques de Inglaterra, desnudos de hojas, fríos y tristes como la muerte. La mañana era desapacible. Las nieblas caían sobre la tierra y sobre su alma. Acaso en aquél momento debió pensar que pertenecía, como Platón, como Newton, como Miguel Ángel, como Calderón, a la raza de los grandes solitarios, de los grandes célibes, de aquellos que sólo se han desposado con su ideal, y que de este matrimonio del espíritu han tenido sus hijos, es decir, sus obras; fecunda prole, generadora de generaciones de almas en toda la dilatación de los tiempos. Acaso nadie como él podía comprender y sentir toda esta potencia del espíritu, después del dejo amargo que habían dejado en los labios sus amores de un día, sus pasiones rápidas como relámpagos. El amor de Byron era un acaloramiento del cerebro. Cuántas veces había encontrado el verdadero encanto, la verdadera belleza en esas naciones que como un coro de sirenas se bañan blandamente en las aguas del Mediterráneo; y el verdadero amor en esos horizontes inacabables del Mediodía, donde la luz juega produciendo cambiantes que parecen reflejos, nubes, resplandores de ilusiones. Cuántas veces se creyó feliz en esas noches en que brillan, igualmente que las estrellas de los cielos entre las sombras, los ojos de las mujeres entre las negras pestañas. Una voz sobrenatural debió en aquel momento recordarle que iba a estrellarse contra las realidades del mundo y a convertir el nuevo hogar tan deseado en la mortaja de su corazón. Un sentimiento debió recordarle, punzándole en el alma, los felices días en que miraba desde la colina ceñida de árboles gigantes el cielo que se reflejaba en los ojos de su María, más tarde mujer de otro y siempre la esposa de su alma. Acaso este recuerdo le hubiera enseñado que no se recobra la felicidad cuando una vez se ha perdido, y que no se repite dos veces el amor verdadero en la vida. Tal vez debieron venir en tropel a su mente las sombras de otras mujeres, para, decirle que acaso una sola pudiera vengar los agravios de todas.

Pero, en fin, a la hora prefijada corrió a la capilla y juró ante Dios su enlace. Cuando dijo el eterno sí, rodó su cabeza, faltóle casi la tierra bajo las plantas. Pero ahogo aquella emoción pasajera en una apariencia de una impasibilidad estoica. La que verdaderamente estaba impasible era su mujer. Sólo se oía en aquella ceremonia hablar una emoción profunda en los sollozos de la suegra de Byron. Cuando llegó la hora de separarse de la familia, Byron estaba tan distraído, que llamó a su esposa, contra todo el ceremonial de las costumbres inglesas, por su nombre de soltera. Dentro de la misma alcoba nupcial encontróse ya aquella especie de dueña regañona, sombra de la suegra prolongada hasta el pié de su lecho, y que tanto debía contribuir a la acerba amargura de su matrimonio.

Después de un mes, Byron se convence de que no ama a su esposa, pero de que la estima. Aguarda, sin embargo, que el amor nazca con el nacimiento de un heredero. Trasladados a Londres, comienzan grandes gastos para sostener el doble lujo de los aristocráticos esposos. Estos gastos enredan y embrollan sus presupuestos domésticos, cargados de deudas. Los acreedores, que se habían regocijado al ver el matrimonio de su deudor con tan rica heredera, se impacientan en cuanto saben que ese matrimonio sólo ha servido para acrecentar sus deudas y no para pagarlas. En la casa de una joven aristocrática, rica, acostumbrada a goces y esplendores, que en el resto de Europa sólo se pueden tener sobre el trono, entran los escribanos y los alguaciles a embargar hasta el lecho nupcial. Además, la incompatibilidad de caracteres desde el primer momento estalla en aquella unión impremeditada de una y otra parte, a pesar de su larga preparación. Lady Byron tiene poco talento para dominar y mucho para ser dominada. Su vida regular choca abiertamente con la vida irregular de su esposo. Incomódase porque no acude a la hora solemne del té. Se desespera porque no come a la inglesa. Tiene celos de la Biblioteca, celos de los libros. No puede sufrir que vele mientras ella duerme y que duerma mientras ella vela. Los reflejos de sus ojos, cuando la inspiración le posee, asústanla como si fueran los reflejos de la mirada de un tigre. Las palabras incoherentes que salen de sus labios en las horas en que compone sus poemas, le infunden la idea de que está loco.

Las diversas opiniones que ambos tienen en política, sobre el porvenir de las sociedades humanas, ahondan el abismo. El menosprecio de Lord Byron por la etiqueta británica, parece a la educación y al temperamento de su mujer un sacrilegio. Sus salidas bruscas en medio de aquella sociedad acompasada, son un tormento. Ella calcula todas sus acciones, y él las improvisa; ella es una aprovechada discípula de matemáticas, y él es un gran maestro en poesía: ambos incompatibles. Su virtud, severa, pero fría, no puede consentir el desorden moral, no de las acciones,

de las ideas del poeta. Siente que ha caído desde la serenidad inalterable de su existencia al caos. Su terror va tan
lejos, que consulta a los legistas, a los médicos, para que
dirijan pérfidos interrogatorios a su esposo, a fin de ence-
rrarlo en un manicomio, cuando merecía un Olimpo. La
reserva de ella y la franqueza de él, son causa de continuos
choques. Los últimos restos de las aventuras de Byron, que
alguna vez pasaban como sombras por los bordes del horizonte, la desesperaban. Por fin, sintióse un día madre, y
cruelmente escogió este instante de esperanza y de amor;
este instante, en que la vida tiene ya algún precio y algún fin
concreto; en que el corazón se dobla, en que las entrañas de
la mujer se convierten para el mundo en el santuario de un
nuevo ser; este instante de transfiguración, para urdir su
criminal proyecto de abandonar al poeta.

En efecto, vino al mundo una niña. Y apenas repuesta de
su parto, pidió permiso a Byron para ir a ver a sus padres.
Byron se lo concedió, y en cuanto llegó al hogar paterno,
escribióle su mujer una carta diciendo que su partida era
una fuga y que estaban separados para siempre ante Dios y
los hombres. No es posible decir cómo la sociedad inglesa
se indignó contra su ilustre hijo. La historia no guarda
ejemplo de cóleras semejantes. Todas las reputaciones que
había herido, todas las envidias que había alambrado con su
genio, todas las costumbres viejas que había ridiculizado

con su sátira, todos los privilegios que había combatido con su elocuencia, el clero protestante, la aristocracia británica, las sociedades particulares, los literatos, los ministros, la corte, el pueblo, en fin, tan fácil de engañar, todas, las preocupaciones británicas se levantaron contra Byron como víboras. Las puertas de todas las sociedades se cerraron para el. Las manos que antes le tejían coronas, se retiraron de su contacto, como si temieran quemarse con algún virus. Los muchachos le arrojaban barro. En los teatros le silbaban. Los libelos más inmundos le atribuían los vicios más abominables. La prensa cuotidiana le inmolaba en caricaturas horribles. Los padres ocultaban sus hijas de aquellos ojos de basilisco. Las mujeres, tan celosas por las prerrogativas de su sexo, desmayábanse cuando veían al monstruo. Era, a los ojos de la sociedad, un Satán iluminado por el genio para mostrar mejor que no tenía ni corazón ni conciencia. No hubo remedio; después de haber perdido el hogar, perdió la patria; tuvo que huir, desterrado sin gloria, mártir sin corona, infeliz entre todos los infelices del mundo, ángel escupido y lleno del lodo de las calles de Londres, y de sus asquerosas inmundicias, arrojadas a su rostro escultórico por una sociedad embriagada de odio.

¡Poeta, gran poeta! Indudablemente los hombres no saben que es imposible tener grandes cualidades sin tener también grandes defectos. No saben que toda virtud extra-

ordinaria, que todo mérito sobresaliente, nacen de un dese-
quilibrio entre las facultades humanas. No saben que la perfección del oído se relaciona con la imperfección de la vista;
y a veces la perfección de la fantasía, con la imperfección de
la conciencia. No saben que así como los órganos de los
animales son proporcionados a su destino en la creación,
las facultades de los genios son proporcionadas a su destino en la historia. Preguntadle a Dios por qué el águila no
canta como el ruiseñor. Preguntadle por qué el caballo no
tiene la fuerza del toro. No queremos tampoco persuadir-
nos de cuántas fatalidades físicas nos rodean, nos abruman
dentro y fuera del organismo. El talento está en el alma,
pero influye en el cuerpo. Todo talento sobrenatural es una
enfermedad en una entraña. Tal ópera que os encanta, y tal
melodía que os trasporta al mundo de los ensueños, ha sido
engendrada tal vez por un aneurisma; tal poema que os inspira grandes pensamientos, grandes aspiraciones, ha sido
escrito con bilis; tal obra asombrosa, que deja una huella
inextinguible en la historia, devora, destroza un organismo;
tal discurso que despierta a las ideas una generación, es un
ataque de nervios; tal potencia intelectual, que llega hasta
pesar los astros y hasta señalar como en un mapa los límites a la razón humana, es la esterilidad y la impotencia para
el cuerpo; y todo genio es una enfermedad mortal. No
creáis en esa impasibilidad de estatuas que han querido

darse Goethe y Rossini; no creáis en esa indiferencia olímpica con que han penetrado desde las tormentas de la vida en el cielo de la inmortalidad, como si en este mundo fuesen ya de mármol, en vez de ser de esa carne que abrasa los huesos y de esa sangre que hierve. El genio es una enfermedad divina; el genio es un martirio. El poeta se apodera de la luz, de las estrellas, de las montañas, de los mares, para convertirlos en ideas, en cánticos. El poeta disuelve el Universo para moler los colores de sus cuadros. Pero no se puede emprender este trabajo titánico sin destrozarse en él completamente. No se puede penetrar en el fuego sin quemarse; no se puede subir a las alturas de la atmósfera sin congelarse; no se puede acercar el cuerpo a la nube tonante sin recibir en tan fácil conductor de la electricidad el latigazo del rayo. Esos seres, que desde el barro de la tierra se elevan tanto y tanto, que llegan a convertirse en seres trasparentes como los ángeles, en seres luminosos como las estrellas, para desde el escollo de sus naufragios tender su luz sobre generaciones de generaciones, han tenido que alimentar ese resplandor divino que se alza en la milagrosa lámpara de su cerebro, han tenido que alimentarlo con lágrimas de sus ojos y sangre de sus corazones.

QUINTA PARTE

Llegamos en esta narración, ya larga, al fin de la vida de Lord Byron, vida breve como una tempestad. Era imposible que habitara en su patria. Comenzó, pues, una peregrinacion, al acaso, como siguiendo el vuelo de su pensamiento y de su deseo. Artista, los climas del Mediodía eran los naturales climas de su alma. Allí, en la trasparencia del aire, en la brillantez del sol, en los aromas de las flores, en las exaltadas pasiones, encontraba satisfacción al vivísimo deseo de realizar la poesía en la vida, o exaltar la vida hasta la poesía. Emprendió su camino desde Inglaterra a Bélgica y de Bélgica a Italia. Su primera visita fue al campo de Waterloo, triste y vulgar cuadro donde fue a quebrarse el cetro de hierro forjado por Napoleón I con las balas caídas a sus pies y estrelladas en su genio. Naturalmente, lo grande cautivaba siempre a Byron: las grandes bellezas, las grandes ideas, las grandes pasiones y los grandes crímenes. Su genio, original por excelencia, se rebelaba contra todo lo vulgar. Las costumbres consagradas, las leyes sociales imperiosas, le molestaban como a un náufrago las corrientes y las olas. Si hubiera podido, arrancara su cuerpo a las leyes de la gravitación física y su alma a las leyes de la gravitación social. Y en esta lucha con fuerzas tan poderosas y tan necesarias, destrozaba alma y cuerpo, bebiendo a grandes tragos el licor de los sueños eternos, el licor de la muerte.

Naturalmente, debía exaltarle ver el campo donde el genio que desde la cuna velada por la plebeya Letizia Ramolino, se había elevado al trono de Carlo-Magno, y desde los Alpes había volado a las Pirámides, y de las Pirámides a las torres de Nuestra Señora, encubriendo el mundo bajo sus alas; ver ese genio extraordinario, que sostenía con sus hercúleas fuerzas una sociedad casi desplomada; verlo perdido entre el polvo y el humo que levantaran las legiones inglesas; verlo estrellando su pujanza, que parecía propia de un Dios, contra la vulgar paciencia de un hombre.

Desde Waterloo, donde todavía estaba fresca la sangre de las derrotas napoleónicas, corrió al Rin, y por el camino del Rin entró en Suiza. Esta tierra se halla sembrada por doquier de recuerdos históricos. Los grandes hombres han ido allí a respirar el aire de las montañas y el aire de la libertad. Especialmente las riberas del Leman, donde Byron se fijó algún tiempo, recuerdan los protagonistas del siglo decimoctavo, de ese siglo cuya filosofía fue una revolución, y cuya revolución será la clave de toda nuestra filosofía de la historia. Yo he visitado la casa habitada por Byron cerca de Ginebra, como visito siempre, oscuro peregrino de la libertad, los sitios ilustrados por el heroísmo y por el genio.

Yo he visto a la orilla del lago, en una colina sembrada de viñedo, oculta en el follaje, como nido misterioso, aquella modesta habitación donde tantas sombras, que llenarán los anales del género humano, se agolparon a su cerebro. En frente, el Jura levanta su cadena de color de violeta por selvas tachonada; desde el pié del Jura hasta el lago, se extienden praderas verdes eternamente, cuya uniformidad cortan los blancos caseríos y los árboles oscuros; en el fondo, la tranquila superficie del lago, repitiendo la claridad del cielo; a un extremo, Ginebra, que alza a los aires sus techos de pizarra, y al otro extremo, las pintorescas poblaciones del cantón de Vaud; por la espalda, la inmensa cordillera de los Alpes, envuelta, como un ejército de blancos y caprichosos fantasmas, en sus mantos de nieve, sobre la cual borda la áurea luz todos sus preciosos cambiantes; sitio de delicias, tranquilo como una égloga, y sin embargo, abrupto, sublime, en perfecta consonancia con el espíritu del poeta.

Por aquellas orillas se refugiaron muchos genios que han dejado en la humanidad inextinguibles huellas. Cada piedra habla allí de Rousseau, de ese escritor melancólico y sombrío que prestaba a la realidad sus propias tristezas; de ese profeta elocuentísimo que transformó la realidad con sus esperanzas. Allí Voltaire trabajó largos años, contemplando un pequeño segmento del lago que se descubre entre el follaje oscuro y la alta cúspide del Mont-Blanc, que se dibujaba en el celeste horizonte. Por allí concluyó Gibbon su historia de la decadencia de Roma, empezada a la vista de la cima del Imperio y terminada a la vista de las regiones por donde los bárbaros asaltaron al Imperio. Con esta naturaleza, con estos recuerdos, con estos espectáculos, con el trato de Madame Staël, que a la sazón habitaba las orillas del Leman, distrajo Byron un poco sus pesares y olvidó un poco su desagradecida patria.

Pero al fin Italia era el centro de gravedad de su alma. El camino del Simplón le convidaba a pasar a la tierra de las artes. Lo tomó, y descendió a Lombardía. Por aquél camino debió sentir las grandes inspiraciones de su *Manfredo*, al estridor de los torrentes despeñados de alturas inconmensurables y quejándose entre las breñas; al grito agudo de las águilas solitarias sobre los desnudos picachos; al fragor de los árboles tronchados por los aludes que bajan rodando estrepitosamente por los desfiladeros y tendiendo sus fragmentos de cristalina nieve como una lluvia de diamantes; al cambio desde las oscuras sombras de los valles por el abismo oculto y perdido a las altas cimas donde parece que la mente conquista lo infinito, y se baña regenerada en la inmensidad, y se comunica estrechamente con el espíritu vivificador de la naturaleza.

En Milán se detuvo algunos días. Byron compara esta hermosa ciudad italiana con nuestra hermosísima Sevilla, y le da a Sevilla la preferencia. En la Scala de Milán le vio por primera vez el fino observador, el agudo crítico, el minucioso fisiólogo de la sociedad italiana, el ingenioso Stendhal, cuya intolerancia con mis convicciones filosóficas y con mi escuela literaria no puede ser parte o ocultarme su mérito. Dice Stendhal de él, que habiéndole observado en el momento en que escuchaba estático una melodía, descubrió, en la expresión de su rostro, en la anchura de su frente, en los matices de sus ojos, en la elipse de sus labios, todas las señales del genio. En efecto, el Apolo del Belvedere no lanza sus flechas con tanto ímpetu y tanta majestad como Byron lanzaba la inspiración, según el sentir universal, de sus ojos oceánicos.

Pero, al fin, Byron debía fijarse en Venecia. La laguna, el mar, los palacios de mármol, los cuadros de un relieve maravilloso, las góndolas misteriosas, las aventuras nocturnas, los festines, los recuerdos históricos, la poesía en acción, todo se acomodaba, todo, al estado de su ánimo y a la naturaleza de su genio. Aquella ciudad era como la forma exterior de su alma, sublime, romántica; a veces alegre, a veces triste; ya sensual, ya monástica; ni fija en la tierra ni perdida en el cielo; pasando del desorden de la orgía a la desesperación cercana del suicidio. El alma de un hombre y el alma de una ciudad se encontraban. Los dos padecían. Los dos lloraban. Los dos se hundían en el placer buscando el ingrato olvido. Los dos carecían de patria. Los dos dudaban de la justicia de Dios y maldecían la justicia de los hombres. Los dos buscaban fatalmente en el exceso de la vida el descanso de la muerte. Venecia era la concha marina donde se replegaba como en su hogar el alma del poeta.

Dirigióse, pues, a Venecia. En el camino se detuvo a visitar la tumba de Julietta, inmortalizada por el genio de Shakespeare. Allí, en triste jardín, abandonada como una ruina, solitaria como un corazón sin amor, está la tumba donde la piadosa tradición de los pueblos, fieles al culto de todos los martirios, se empeña en ver el lugar del reposo último de Julietta. La alondra, cuando pasa a saludar el próximo día, como si quisiera llevarle en su cántico la oración de todos los seres, ignora que aquellas piedras la acompañan, aunque mudamente, en su himno matinal y en sus amores por la luz; pero el poeta, que tiene la conciencia de todos los tiempos, se detuvo un momento a beber un con suelo y un recuerdo en aquella fuente de sublimes inspiraciones.

Por fin, llegó a Venecia, donde debía pasar desde 1817 a fines de 1819. Solamente una vez dejó la ciudad de las lagunas para contemplar el espectáculo que ofrecen Roma en su severa majestad y Nápoles en su voluptuosa alegría. Volvióse pronto allí, a Venecia, donde el exceso del dolor y el exceso del placer se acomodaban igualmente a su genio, desgarrado por todas las penas y combatido por todos los deseos. Mas ni siquiera allí le dejaron sus enemigos. A cada momento le llegaban, a través de los mares, en el tormento del destierro, insultos de su patria. Es indudable que la vida del poeta en Venecia fue una vida de orgía y desorden. Pero también es indudable que buscaba en el placer la muerte. Byron tragaba un veneno, sabiendo que era dulce al paladar y corrosivo a las entrañas. Cuántas veces no presenta en la vida ejemplos de estos suicidios. Las fuertes emociones, el goce, los placeres, la amargura que los placeres dejan en el alma, concluyen por quebrar, como si fueran de vidrio, las más poderosas organizaciones. A esto se añadían sus excesos en sentida opuesto: el ayuno llevado hasta el aniquilamiento de sus fuerzas, y la meditación llevada hasta las exaltaciones del delirio, en los momentos solemnes en que se acordaba de la grandeza de su alma y de la inspiración de su genio.

En esto llegó carnaval, un carnaval de Venecia. Austria fomentaba el placer para que el placer matara el recuerdo de la libertad. Todos los tiranos saben que la virtud es su enemiga, su Judith. Venecia en esto conspiraba con Austria. En el fondo de su ergástula danzaban locamente, como pidiendo a la danza la fatiga, y a la fatiga la muerte. Así mueren al pié de sus ídolos muchos fanáticos del antiguo Oriente. Ella también buscaba en su copa orgiástica un suicidio. Es inútil decir cuánto contribuyen a los placeres y a las locuras del carnaval, aquellos edificios llenos de recuerdos, aquellos interminables salones llenos de voluptuosas figuras que se destacan de los rientes cuadros, aquellas góndolas que parecen la sombra de un misterio, aquellos negros ojos de las venecianas, que brillan, ora dulce, ora siniestramente, al través de la máscara, aquél aire salado de las lagunas, que ofrece con el eterno eco del beso de sus olas, un acompañamiento apropiado a los vértigos del baile y a la voluptuosidad de la música. Aún recuerdo, cuando una noche, a la embocadura del gran canal y al mustio resplandor de la luna, mientras contemplaba las islas alzando sus blancos campanarios de mármol, y los palacios extendiendo sus dos cincelados muros sobre el agua celeste y argentada; aún recuerdo que del seno de una góndola lejana salía un aire de la Lucrecia de Donizetti; y rápidamente pasaron ante mi imaginación exaltada aquellas cenas venecianas en que corrían juntos el vino y el veneno, en que danzaban abrazados la muerte y el placer.

Los amigos que vieron a Byron por este tiempo, no le conocían. Su demacración, su palidez, le daban el aspecto de un cadáver iluminado sólo por el brillo de sus ojos fatalmente hermosos. El placer lo había consumido. Entre aquellos amores de un día, fijóse Byron pronto en una mujer bella, morena, de ojos negros, de temperatura sanguínea, de alta estatura, robusta como una Venus del Ticiano, sensual como una bacante, pero capaz del amor, y en el amor, del sacrificio. Era Mariana, dueña de la casa en que Byron habitaba, mujer casada y con hijos, pero pronta a dejarlo todo por el poeta. Los amores ligeros no tienen esa compasión de los amores profundos, que aun cuando vean las debilidades y los defectos del objeto amado, los consideran como una enfermedad digna sólo de atención y de cuidados. Byron vio pronto que Mariana era violenta y celosa. Un día en que el poeta hablaba con la cuñada de esta ciega mujer, apareció Mariana y dio un bofetón a la pobre muchacha. Otro día vendió una joya que Byron le había regalado y que Byron volvió a comprar para volver a regalársela. Por fin, aquél amor sensual se satisfizo pronto. Nada hay más insaciable que el amor puro. Nada más fácil de ser satisfecho que el amor de los sentidos. Placer, y sólo placer, es sinónimo de hastío y sólo hastío. En el bien y en la pureza está con la intensidad del amor verdadero, la seguridad del amor eterno. El abismo del corazón no se llenará jamás sino con lo infinito. Pero la voracidad de los apetitos se satisface y se gasta fácilmente. Byron abandonó la casa y la amada, y fue a instalarse en el palacio Mocenigo, en el centro del gran canal veneciano.

Allí fue el teatro de las aventuras de Margarita Cogni, célebre panadera veneciana. Hay quien la compara a la

Fornarina; pero entre la amante única de Rafael, o al menos la amante preferida, y este amante de algunos días, entre aquella fuente de inspiraciones y esta fuente de disgustos, media una inmensa distancia. En Venecia encontré gente que la conoció todavía vendiendo ostras en el mercado, y buscando muchachuelos que regalaran sus oídos con las traducciones italianas del poeta, a quien había amado brutalmente. Era una mujer de la plebe, en todo el mal sentido de la palabra; una mujer que no sabía leer ni escribir; una mujer, que acostumbrada a tiranizar su familia casi en público, no ocultaba ni un pliegue de su alma, ni un latido de su corazón, y por consiguiente, ni los rincones de su hogar. Buscaba el poeta con grande ansiedad por aquellas hermosas islas el lugar de su sepultura. Tendido en su góndola, se paseaba por el archipiélago veneciano, para escoger un sitio bastante pintoresco donde plantar un sauce que tocara con su desmayado ramaje a las aguas, y ofreciera con su nombra asilo a su sepulcro, erigido bajo el cielo celeste del Mediodía y junto al Adriático. Mas para acelerar el encuentro de aquel lecho eterno, dióse desenfrenadamente al estudio del cruzamiento de razas, al goce de las formas plásticas, a los ebrios cánticos de los placeres carnavalescos, a una orgía sin tregua. En este torbellino, cuando salía de las cenas para buscar las tumbas, encontró a Margarita, en cuyos brazos debía dejar tanta parte de su vida.

La encendida sangre veneciana corría por las venas de aquella mujer esencialmente sensual. Su estatura era alta, su pecho ancho, sus brazos nervudos, su rostro bello, su cabeza vulgar; sus ojos abrasaban y consumían como voraz incendio. Era amante hasta el frenesí; pero celosa hasta la locura. Le acariciaba y le maltrataba. Iba hacia él con la sonrisa de los ángeles, y le clavaba las uñas con la ferocidad de los tigres. La áurea aguja de su negro moño podía servir de puñal. Sus entrañas podían engendrar una raza de gladiadores. Sus puños podían sostener ventajosamente lucha con cualquier fornido inglés. Su elocuencia pintoresca estaba sembrada de interjecciones desvergonzadas. Eran sus ideas enmarañadas como una selva primitiva. Eran sus pasiones ardientes como un volcán gigante en erupción. Amasado su carácter en el barro de las lagunas y abierta su alma al sol del Mediodía, guardaba en todo su ser algo de grande, aunque fuera brutal su grandeza. En el palacio Mocenigo había reunido Byron caballos, gatos sin número, perros en trabilla, papagayos, toda suerte de pájaros, y aquella mujer, Eva salvaje de un paraíso cástico, y en rebeldía contra el Adán, ebrio de vino, de placeres y de ideas.

Pero no creáis que le guardaba una grande fidelidad Byron, a pesar de su fiereza. Un día se arma ruido espantoso. Los papagayos vociferan palabras indescifrables, los gatos maúllan, los perros ladran, los muebles saltan en pedazos, las lunas venecianas siembran de una lluvia de menudos cristales el pavimento del palacio, conmovido como si se doblara bajo un huracán o se desplomase a impulsos de un terremoto. Era Margarita, que se había encontrado una rival, con la que trabó espantosa batalla, empeñada y sostenida de una y otra parte con heroísmo e incontrastable pujanza. Imaginaos la fascinación que ejercería aquella poderosa naturaleza en el carácter gastado, en el hastío invencible del poeta. Su mirar daba extraño fuego a la sangre helada en aquellas venas casi exhaustas. Su violencia y sus inesperadas salidas le agradaban como un manjar nunca antes gustado. Reíase con aquellas cartas apasionadísimas, escritas por un memorialista a razón de doce sueldos y dictadas por la panadera al volver del mercado con su cesta sobre la cabeza.

Una noche, Byron daba en el baile de máscaras el brazo a la respetable señora Contarini, envuelta en negro dominó y sigilosamente oculta con su careta. Margarita llega, la insulta, le arranca violentamente y con grandes vociferaciones la máscara. Otra noche riñó con su marido, en cuyas carnes hicieron un destrozo horrible sus cortantes uñas. A las altas horas llamó con redoblados golpes a la puerta del palacio de Byron, donde todo el mundo reposaba y dormía. Al poco tiempo se presentó el marido pidiendo su mujer. La policía intervino, y la mujer fue reinstalada por fuerza en el abandonado hogar. Pero se escapó de nuevo, y fue a refugiarse en el palacio Mocenigo, al lado de su amante.

Allí tomó el gobierno de la familia, pero ejerciéndolo con una tiranía sin ejemplo. Nada le bastaba para darse tono y aires de gran señora: vestido arrastrando, sombrero parisién, joyas riquísimas, encajes de Flandes, un tren de princesa. Y con este traje, calzados los guantes, a lo mejor se incomodaba, y cogiendo una tranca y remangándose los brazos, apaleaba desde los perros hasta los criados. Milagro era que perdonase al amo. Pero en cuanto a reñirle, no guardaba ningún género de consideraciones. Byron gustaba mucho del Lido y de nadar en el Adriático. Por aquella hermosa lengua de tierra que forma el Lido, sembrado de una vegetación asombrosa que el mar besa, paseábase a caballo. Cuando se cansaba de cabalgar, corría al agua, sumergiéndose en sus profundos senos como un buzo. El pez británico le llamaban por toda Venecia. Una tarde, el cielo se encapota, los vientos se desencadenan, encréspanse las olas; y Byron se hallaba en el mar. La pobre Margarita corría de los pies de la Madona a la ventana, invocando todos los santos y prometiendo misas, rosarios, ofrendas al cielo en una letanía sólo interrumpida por extrañas maldiciones. Cuando vino la noche y no volvió el poeta, quedóse aquella mujer como petrificada en la escalera de mármol que descendía al Gran Canal, tendidos los brazos hacia el mar, medio muerta de angustia. Pero al volver el poeta, gritó, maldijo, vociferó horriblemente, diciéndole: ¿es tiempo este de ir al Lido, *cane della Madonna*?

Una ventaja, sin embargo, llevaba Margarita al hogar de Byron: la economía. Contaba con los dedos, pero contaba a maravilla. Criada en el mercado, sabía el precio justo de todos los artículos. Y como Byron no comía apenas, se tragaba todos los manjares, matando de hambre al resto de los criados. Acostumbrados éstos a la magnificencia del Lord, no podían tolerar aquella extraña tirana que los condenaba a forzoso ayuno. Así, armaban una conjuración tras de otra conjuración, para forzar la mano de Byron a despedirla. No era difícil, porque en el estado de su ánimo, arrojaba con menosprecio la flor cuyo aroma había absorbido con ansia. En estos amores tornadizos y cambiantes, sólo hay un atractivo, la novedad; aunque se tenga la convicción de no encontrar en el placer ya agotado nada de nuevo. Al estado propio del ánimo de Byron se unían las maquinaciones domésticas contra Margarita. Y a las maquinaciones domésticas, sus propias imprudencias. Interceptaba las cartas dirigidas a su amo, y como no sabía leer, iba al primer memorialista a entregarle aquellos secretos. Todo esto, pero muy especialmente el desvío con que Byron miraba aquellos amores de un día, perdieron a Margarita. Byron concluyó por despedirla. En el momento de salir, arrojóse airada sobre un cuchillo, como si quisiera suicidarse. No la condujeron, la arrastraron a la góndola. Allí se retorcía las manos, gritaba como una leona desposeída de sus cachorros. Sus ojos centellaban ira. Se había elegido la noche para realizar aquella separación preñada de escándalos. A la vuelta de una de las infinitas esquinas, Margarita se arroja al agua, a pesar del intenso frío. Mojada hasta los huesos, tiritando, con el cabello tendido sobre la espalda, la cara amoratada, extraviados los ojos, contraídos y lívidos los labios, despidiendo del pecho desgarradores sollozos, se arroja a los pies de Byron, pidiéndole perdón. Este fue inexorable.

Había tocado hasta el fondo del abismo. En aquella vida podía perder hasta la conciencia. Tras las noches de orgía, la realidad era más triste y el corazón más desgraciado. Necesitaba una redención que sólo era posible por el amor, y por el amor puro. Una mujer amada podía serenar la tempestad con su sonrisa; podía purificar la vida cenagosa con su ejemplo. Nada hay tan casto como el amor verdadero. Nada tan saludable al cuerpo y al espíritu como la castidad. Amar verdaderamente, fijarse en una mujer pura, buscar su mirada como una estrella, tener su corazón como un refugio, unir dos vidas en el amor y reflejar el cielo en su tranquilo seno; esta redención era la única posible al poeta caído en el cieno. Las luchas del Parlamento, las glorias de la poesía, el entusiasmo de una sociedad entera, los viajes por el mundo, el espectáculo de la naturaleza, los recuerdos de la historia en el sitio mismo donde han pasado sus grandiosas escenas; Grecia con sus ruinas, Inglaterra con su libertad, España con su romanticismo, Suiza con sus montañas, Italia con sus artes y el Oriente con sus amores, no habían podido llenar aquél corazón, en el cual caía el placer como un corrosivo, y estallaba la poesía como un dolor infinito. Su alma sólo podía producir el sarcasmo del D. Juan.

La Condesa Guiccoli, el amor puro del poeta, apareció en este momento. ¿Cómo nació esta pasión? Yo no conozco de este amor una definición tan precisa ni tan profunda como la que el poeta psicólogo por excelencia, Shakespeare, da del amor entre Otello y Desdémona. "Me amó, dice Otello, porque luché y padecí; la amé, porque me compadeció." Teresa, que así se llamaba la hermosísima Condesa Guiccoli, vio en la frente de Byron su dolor, y se propuso redimir al poeta, sacarlo del abismo, encender la inspiración en su alma, el amor en su corazón, fortalecerle para la virtud, coronarlo con una muerte gloriosa. Byron tenía el disgusto de la vida, y Teresa apenas había conocido la vida. Educada en sombrío convento, las notas del órgano, las nubes de incienso, los cirios encendidos al pié de la Virgen, los coros de las esposas de Cristo, habían llenado su alma de la poesía de los claustros, del amor místico y sin nombre, que al tocar el mundo, debía convertirse en amor violento por el encuentro de un sujeto real donde fijarse.

Sus padres la habían hecho desgraciada. Sin consultar ni su voluntad ni su corazón, la sacaron del claustro para casarla con un viejo riquísimo, el Conde Guiccoli. A la exaltación mística de sus primeros años, reunía Teresa la nostalgia del amor verdadero en la aridez de un matrimonio de conveniencia. Esta triste situación la obligaba a refugiarse en la lectura, en la poesía de la época. Era el año 1812. Madame de Staël y Mr. de Chateaubriand comenzaban a popularizar en sus obras esos amores enfermos, esas pasiones desgraciadas, esas tristezas de un siglo, que no se atrevía ni a dejar las viejas ideas, ni a seguir las nuevas; supremas dudas vertiendo sobre el corazón su corrosivo veneno.

Teresa leía y releía todas estas obras; se exaltaba, padecía, soñaba con una sombra; y escribía versos consagrados a esos fantasmas sin forma, a esas ideas sin realidad y sin objeto, que atravesaban su cerebro, rodeado por la aurora boreal de las inspiraciones románticas. Su héroe, el héroe de sus ensueños, el héroe nacido en el convento, agrandado en la realidad de un frío y triste matrimonio, el héroe ideal, soñado cada día con más delirio, merced a una lectura sin tregua, ese héroe extraordinario no existía, o si existía, era Byron, el único capaz de incendiar la realidad con el fuego de la poesía.

Teresa y Byron se hallaban en Venecia y no se conocían. Teresa, enferma del alma, y Byron, del alma y del cuerpo; la una de diez y ocho años, al borde de la vida, y el otro gastado por los placeres, aunque joven por la edad, al borde de la tumba. En 1818 Byron la vio, pero no la adivinó. Pasó, acompañada de su marido, con quien acababa de casarse, como una de esas infinitas mujeres que encantan un momento los ojos y nada dicen al corazón. Durante la primavera de 1819 se encontraron una noche en casa de la Condesa Albrizzi, a quien llamaba Lord Byron la Staël italiana. Uno y otro fueron aquella noche a la reunión con disgusto. Teresa estaba cansada de fiestas y Byron cansado de mujeres. Fue necesario que el Conde Guiccoli se enojase, para que Teresa fuera al baile, y que la Condesa Albrizzi empujara casi materialmente a Byron, para que se presentase a Teresa. Se vieron y se amaron. Una mutua mirada bastó para que aquellas dos almas se comprendieran y se juntaran ya indisolublemente. Ni ella ni él supieron jamás quién dijo la primera palabra ni quién hizo la primera declaración. Eran las dos mitades de un alma. Byron, a través de sus desórdenes, había buscado a Teresa; y Teresa, a través de sus ensueños, había buscado a Byron. Se encontraron, por fin, como dos náufragos arrastrados por una misma ola. Se encontraron sin esperanza de legitimar su pasión; casada ella con un viejo avaro y él con una protestante intoleratísima, que habían sido sus mutuas desgracias, dos muros fríos como el bronce entre dos corazones de fuego. Saltaron sobre todo y fueron el uno para el otro.

Nada hay tan triste como vivir al lado de una mujer siempre melancólica, desesperada siempre. Varios biógrafos dicen que el Conde favoreció el principio de los amores de Byron con su mujer. No gusto de ennegrecer la naturaleza humana cuando encuentro algunos motivos racionales que me expliquen, acciones a primera vista inexplicables.

El Conde, pudo notar que la melancolía de su mujer se disipaba con la presencia del poeta. Y pudo también atribuir esta preferencia al mutuo amor que ambos tenían por las letras. Encantado de ver disiparse una tristeza que ennegrecía su vida, fue al principio cómplice inocente de su propia desgracia.

Pero bien pronto advirtió aquel amor, y trató de cortarla con la ausencia, vulgar remedio a los amores fugaces, incentivo poderoso de los amores profundos. El Conde abandonó a Venecia y se fue a Ravenna seguido de su mujer, cuyo pensamiento se quedaba encerrado en el corazón de Byron. Teresa se moría. Su alma no era bastante fuerte para sobrellevar la ausencia. Byron corrió a Ravenna llamado por una moribunda. El 8 de Junio de 1819 se encontraba al pié de un lecho donde moría una enferma de amor. Al verlo entrar, se reanimó Teresa como la humilde violeta al beso de Abril. Los médicos todos habían convenido que aquella enfermedad de languidez y de tristeza no tenía cura. Bastó, sin embargo, para volver el carmín a las mejillas ya frías, la luz a los ojos ya extintos, la presencia de Byron. Aquel mismo día Teresa pude salir del jardín, y apoyada en el brazo del poeta, hablar bajo los vibrantes pinos de desmayada copa, entre los mirtos y las adelfas, de sus recuerdos y de sus esperanzas.

La salud de Teresa no renació sino a costa de la honra del Conde. Por muy tolerantes que fueran las costumbres italianas de aquella época, es siempre ridículo un marida acompañando a su mujer apoyada en el brazo de su amante. Guiccoli cogió un puñal y fue a herir a Byron, que leía la Corina con su amada bajo los pinos de Italia. Pero la propia cobardía y la serenidad del rival le desarmaron. Este, a su vez, difícilmente se resignaba a su papel en la sociedad, que muy tolerante con tales faltas a la sazón, no dejaba de perseguirlas con malignas miradas y susurrantes cuchicheos.

Byron hablaba de robar a su amada, y Teresa de apelar al expediente de Julietta, vestir su traje de muerta, tomar un narcótico, encerrarse en el panteón de su familia, y aguardar a que Su amante fuera a convertir con una mirada o con un beso, enviados a través de las rejas, el panteón fúnebre en paraíso. Por mucho que fuera el romanticismo de Byron, quería mostrar su amor en plena sociedad, al resplandor del sol, en el seno del mundo y en el seno de la naturaleza, como un timbre del alma, como una virtud de su vida, hasta entonces entregada a múltiples amores, y desde entonces fija en una pasión, que se alimentaba principalmente de castas inspiraciones y que residía en la región del alma.

Enternece leer la página escrita por Byron en unas hojas de la Corina que Teresa había dejado olvidada en su jardín de Bolonia. Aquel amor sencillo del corazón parece junto al amor hiperbólico del libro, como un lirio del campo junto a un lirio de trapo. "Amor mió, le dice, cuan dulce es en vuestra lengua italiana esta palabra. Sobre un libro que os pertenece, yo no puedo escribir sino mi pasión. En esta palabra "amor mió" está encerrada toda mi existencia. Conozco ahora que vivo y temo lo porvenir. Vos decidiréis de mi suerte. Mi destino reposa en vos, que ahora tenéis diez y ocho años, y que hace dos años salisteis del convento. Pluguiera al cielo que os hubierais quedado allí, o que yo no os hubiera encontrado casada. Para todo es ya tarde. Os amo y me amáis. Al menos procedéis como sí me amarais. Esto es un consuelo a cuanto puede sobrevenir. Sin embargo, yo soy quien más ama de los dos; yo quien no puede nunca dejar de amar. Pensad en mi alguna vez, cuando nos separen el mar y los Alpes. Mas no puede suceder esto, a menos que vos no lo mandéis."

Y después de haber escrito esta carta, como si comprendiera que el ser se define por su comparación con la nada, y el amor se confunde por su tristeza con la muerte, se iba a visitar el cementerio, para aprender el sueño de los muertos en el silencio y el dolor de los vivos en las inscripciones de las tumbas.

Por fin, el Conde se retiró, aunque accidentalmente, de aquel hogar y quedaron solos ambos amantes. De Bolonia partieron para Venecia. De Venecia para el campo, para esas casas bellísimas, lejanas, desde donde se descubren los Alpes y el Adriático, y entre el Adriático y los Alpes, Venecia, como una inmensa flota de cristal y de corales. Allí Teresa inspiraba a su amante, siendo a un mismo tiempo la musa del amor y la musa de la Italia. Allí le mostraba con elocuencia la sombra de lo pasado, las esperanzas de lo porvenir y las tristezas de lo presente. Allí le inspiraba con sus sonrisas y con sus lágrimas ideas proféticas de la restauración de Italia, realizada en nuestros días, a nuestra vista, como un milagro de la fe de este siglo. Allí le purificaba de sus pasiones de un día, por la pasión única del amor verdadero; y le apartaba de las orgías, enseñando a su actividad, siempre inquieta, otro espacio en el culto de la causa de la humanidad y en el combate por la independencia de los pueblos.

Tanta felicidad no podía continuar, dada la delicadísima y difícil situación en que se encontraba el marido, el Conde

Guiccoli. Convengo con todos los historiadores del tiempo en que Italia era indulgente, muy indulgente a la sazón para el adulterio. En lo que no convengo con esos escritores absolutamente es en que los italianos aprendieran tal indulgencia de los españoles. El Médico de su honra, A secreto agravio secreta venganza, enseñan a los siglos el horror que a los corazones españoles inspiraba el adulterio. Donde ha nacido el Tetrarca de Jerusalén, no hay espacio para el Sigisceo de Italia. Pero por mucho que la indulgencia italiana fuera, todo el mundo debía en este asunto dar la razón al marido. El Conde Guiccoli, cegado por su mayor vicio, la avaricia, puso la opinión pública en su contra. Primero, el viaje de Teresa y Byron a Venecia fue con su asentimiento. Después, quiso constituirse en depositario de las rentas del poeta, para ganar en oro lo perdido en honra. Por fin, vino el pleito de divorcio. Tras el pleito perdido por el Conde, un breve pontificio que pronunciaba la separación. Teresa abandonó gustosa sus palacios, sus trenes, la sociedad, las riquezas por el amor del poeta.

En esto cayó sobre la familia de Teresa el destierro. Su padre era el Conde Gamba, y pertenecía a esas fuertes provincias romanas que son las provincias aragonesas de Italia. El amor a la libertad y a la patria, que se anidaba en esta familia, recibió el premio que reciben siempre esos amores; el destierro. La familia Gamba, a la cual había Teresa vuelto, después de su viudez legal, se refugió en la dulce Toscana, en la solitaria Pisa, en esa ciudad-convento, en esa ciudad-cementerio, tan propia de las grandes tristezas. Allí fue también lord Byron.

El principal mérito de Teresa estuvo en no tener por el poeta una pasión egoísta. Amó su gloria más que su persona, y más que su gloria, su virtud. Lo purificó, lo elevó, lo sacó del cieno, le puso la aureola de la pureza en la frente. Y después, en vez de reivindicar ese gran corazón todo para sí, lo entregó a la humanidad. Vio que Byron no pertenecía sólo a la raza de los hombres de ideas, sino también a la raza de los hombres de acción. Era un héroe de Grecia por la figura escultórica, un poeta del Norte por el pensamiento profundo; en una mano llevaba la lira y en otra mano la espada. En vez de arrancarle a la idea y a la acción para reducirlo a los placeres de un amor satisfecho, señaló al Aquiles el campo de batalla, y le dijo que sería más digno de su corazón cuanto más luchara por los pueblos.

Prefirió unir las dos almas en los altares del sacrificio a todos los placeres fáciles, a todas las satisfacciones del amor propio y del orgullo. Teresa despertó en su pecho el amor a la virtud y el amor a las glorias que tantas veces había Byron despreciado y maldecido. Teresa le enseñó a amar a Italia y a los combatientes por Grecia, esas naciones cuyos antiguos genios entrarán eternamente en la genealogía de todos los genios del mundo. Ella, por fin, le enseñó a morir. Y enseñándole a morir por todos, en vez de vivir para sí sólo, aseguró a su nombre la más gloriosa de las transformaciones, el martirio; y a su inmortalidad, el más bello de todos los templos, el corazón de los pueblos. Sería inmortal Teresa, como Eloisa, como Isabel de Segura, como Safo, si hubiera guardado bajo los pinos de Italia, por las orillas del Arno, eternamente, la viudez gloriosísima del amor de Byron. El año veinte parecía una musa. Y en el año sesenta y ocho es una marquesa rica y vieja que ha lanzado sobre la tumba del poeta un libro indigesto.

Llegamos al final de los días de Byron. Aquí acaba la vida y comienza la muerte. Aquí el barro helado de los desengaños se cae fundido al fuego de la fe, y las alas del alma se abren ampliamente en toda su extensión. Aquí empieza la vida a ser poema, el poeta a ser héroe, el sepulcro ÉL ser altar, y a ser inmortalidad la muerte. Aquí se despide para siempre de la mujer amada y va a desposarse castamente con la libertad, la eterna esposa de las grandes almas, la fecunda madre de los héroes. Aquí todas las nubes se disipan, todos los vicios sé evaporan, todas las dudas se embotan, todas las pasiones se acaban, y el calavera de Londres, y el libertino de Venecia, y el poeta de la desesperación, se convierte en uno de los mártires de la humanidad, redimiendo con el holocausto de su muerte los errores y las faltas de su vida. Muchos sabrán vivir mejor que ese hombre, pero pocos morir como él, en una peregrinación por la libertad, en una lucha por la independencia de la Grecia, a los pies de esa nación-ideal, de esa nación-arte, que fue la verdadera patria de su alma, y que lo contará eternamente al lado de Homero, de Esquilo, de Píndaro, de Milciades y de Arístides, de esos hombres que son los astros de los horizontes del tiempo: lo contará, sí, entre sus poetas y sus héroes.

Las hojas de la vida de Byron se iban cayendo tristemente. Su hija Alegra, ángel nacido entre las tempestades, acababa de morir a los cinco años de edad. El poeta manda que la entierren allá, en la colina de Harrow, sobre la cual había grabado sus primeros versos y había recibido los besos primeros del aura de los campos. Shelley, poeta metafísico, desterrado como él de Inglaterra, y como él errante por el mundo, acababa de espirar ahogado en tremenda borrasca, no tan tempestuosa como sus ideas. Byron había recogido su cuerpo, y lo había quemado en una grande hoguera, sobre la árida arena, a orillas del mar, arrojando en aquel holocausto cargas de incienso que subían al cielo en nube de humo semejante a una montaña de oraciones y de pensamientos, que llevaba en sus entrañas el espíritu de un poeta, el cual creyera siempre el cielo vacío, y renegaba siempre de aquella morada hacia la que se tomaba su vida.

¿Qué le restaba a Byron? Morir también, pero morir por una idea, por la fe de su siglo. En medio del silencio que la Santa Alianza ha impuesto a Europa, se oye la voz de un pueblo que pide su libertad. Este pueblo heroico era el pueblo español, aquel mismo que diez años antes había enseñado a todas las naciones cómo se pelea por la independencia. La voz de España había penetrado en dos sepulcros; en el sepulcro de Italia y en el sepulcro de Grecia. Las tres penínsulas mediterráneas, la península de los genios, la península de los guerreros y la península de los navegantes, se levantaban, al soplo de la libertad, como para renovar aquellos días paradisíacos de la historia, en que las ciudades más ilustres vivían como un coro de sacerdotisas y de musas en sus costas, e iluminaban la conciencia con sus ideas, y henchían los aires con sus cánticos. Pero todas estas esperanzas fueron como sueños fugaces. Sobre España iba a caer la intervención francesa, y sobre Italia la intervención austríaca. Sólo quedaba de pié el pueblo griego, el pueblo de las Termopilas y de Platea, el que ha enseñado a leer a la humanidad, el que ha puesto la cuerda del arte en todos los corazones, el que ha cincelado la forma humana en su hermosura severa, el que ha revelado la conciencia con Sócrates, el que guarda todavía en las cenizas de sus ruinas el calor de la inspiración para el poeta.

Byron, que recorrió Grecia buscando los laureles de Apolo a las orillas de los torrentes, el coro de las sacerdotisas de Dodona, el canto del Cefiso en las llanuras consagradas por las huellas de Demóstenes y de Platón, la Acrópolis ruinosa donde se habían convertido en sombras las estatuas de Fidias, las cimas de Hibla y del Himeto coronadas eternamente por los dioses; Byron no sólo encontró en aquella tierra los recuerdos que, como enjambres de luminosas abejas, se levantan de sus diseminadas ruinas, sino también fuertes razas, en cuyos semblantes brillaban los reflejos de la antigua inspiración y cuyos nervudos brazos podían esgrimir las armas de Epaminondas y de Temístocles; razas dispuestas a sacrificarse heroicamente sobre los sepulcros de sus padres, antes que consentir por más tiempo la deshonra de tanta gloria en los infames hierros forjados por Turquía para su patria, patria también del heroísmo; para su madre, madre también del genio.

Miradlo: rico, se aparta de sus riquezas; amado, se aparta de su amante; poeta, se aparta de su lira; joven, se aparta de sus pasiones; coronado por el genio, se aparta de su gloria; y va a pelear y va a morir por una de las causas más justas de la humanidad, por la causa de Grecia. Allá en Italia, a las orillas del mar Tirreno, bajo las sombras de los pinos, respirando el aire cargado de azahar, viendo las obras maravillosas del arte, en las cuales aprendía la perfección de su estilo, amado por una mujer que unía el talento a la belleza, pudo dejar correr sus días tranquila y serenamente, cantando como un ave junto a su nuevo nido, en aquel jardín de delicias.

Pero no: prefirió la lucha, la tempestad del mar, la inclemencia de los elementos, el campo de batalla, los vapores de la sangre, los miasmas de la peste, la muerte por sus hermanos, el sacrificio por la humanidad. Creed en sus dudas, vosotros, comerciantes ingleses, que lo habéis maldecido, atiborrados de *beefsteak*, ebrios de cerveza, regoldando, como diría Sancho, los vapores de vuestra digestión sobre la aureola del genio. Maldecid su vida, vosotros a quienes una moral egoísta es tan fácil porque no tenéis pasiones; y una árida fe protestante es tan natural porque no tenéis pensamiento. Arrojadlo por indigno de Inglaterra; y él se levantará con su lira y su espada, recorrerá las riberas divinas donde nacieron las artes, convertirá los dioses en sus conciudadanos, irá a morir a Grecia, y tendrá por patria toda la humanidad.

Nosotros apreciaremos sus obras en un capítulo final, cima de este pobre trabajo consagrado a uno de los genios que más consuelos nos han procurado en nuestros dolores presentes con la lectura de sus obras. Era el mes de Abril y la mañana siguiente al día de Pascuas. La naturaleza resucitaba con sus mariposas, con sus largos días, con su tibio calor, tan delicioso en la primavera de los climas meridionales. La Iglesia cantaba la resurrección de Cristo. Byron presentía la resurrección de Grecia. Sin embargo, la lucha, la incertidumbre, los choques contra la impura realidad en que se destrozaba su alma, el dolor, la peste mortífera, consecuencia de la guerra , lo gastaron y le hicieron doblegarse y caer sobre la bandera de la libertad, en la cual se envolvió para morir como Catón y como Bruto en la sombra de la República. Apenas tenia treinta y seis años. Se doblaba a la muerte como un árbol cargado de frutos y de flores. Era una hermosa mañana, y el sol deslizaba sus primeros rayos entré las últimas gotas del rocío, y las aves entonaban sus coros, como si la naturaleza consagrase un himno a la victoria del poeta. En su delirio, creía asaltar los muros de Lepanto, y en realidad asaltaba los muros de la eternidad. Decía ¡adiós! ¡adiós! como perdiéndose en otras riberas. Y su última palabra, fue "adelante," como si consolara a sus soldados llorosos y a sus amigos desolados, asegurándoles la continuación de su vida en otros horizontes.

Conclusión

Después de haber recorrido largamente la vida de Byron, detengámonos un momento a contemplar este genio maravilloso en su conjunto. Cómo jamás hubo en el mundo poeta que fuera tan subjetivo e individual, jamás una vida contribuyó a desarrollar un carácter, ni un carácter a desarrollar una literatura como en este lord inglés, nacido para la felicidad y atormentado por todas las desdichas. No creo yo que el genio se componga solamente de los nervios, de la sangre, del jugo que absorbe de la tierra donde ha nacido, del sol que ilumina y fecunda su cerebro. El genio es antes que todo una poderosa individualidad interior, con facultades innatas, elevadas por el estudio y por los choques de la vida a una gran potencia: el genio es un espíritu creador. Todos los verdaderos artistas, de cualquier clase y condición que sean, tienen la poderosa facultad de pensar y poner en relieve su pensamiento; la fantasía vivaz que los lleva a un trabajo tan continuo como el trabajo de las fuerzas creadoras de la naturaleza; la observación profunda para el análisis, que hace de sus ideas un microscopio donde se ven las mayores minuciosidades de la vida, ocultas al vulgo de las gentes; la mirada indagadora, elevadísima, que abraza los lejanos espacios como el telescopio; y luego esa exquisita sensibilidad, por la cual refunden fácilmente en el horno siempre encendido de su corazón, los ajenos dolores y las ajenas alegrías.

Pocos hombres han poseído en tanto grado estas facultades eminentes como Lord Byron. El se eleva de un vuelo a las regiones más sublimes del espíritu, donde todas las ideas se le aparecen, revestidas en sus formas. El desciende con una observación prolija a contar las menores minuciosidades de la vida, y a descubrir los más imperceptibles toques de luz y de sombra en el cuadro del Universo. El siente la necesidad invencible de producir, de crear, de esparcir sus obras con la misma ciega largueza con que el ruiseñor esparce sus cánticos y la estrella su luz. El tiene, sobre todo y antes que todo, la sensibilidad, esa sensibilidad que se conmueve y se riza al menor soplo del aire, que cambia de matices al menor reflejo de la luz, que presiente las tempestades futuras, así del Universo como de la sociedad, y que siendo uno de los mayores dones de la naturaleza, es también uno de los mayores tormentos de la vida.

Pero si tiene esta nota primera, esencial del genio, no puede dudarse que también tiene las cualidades propias de su raza, esas cualidades que son alas esenciales, alas fundamentales como el color al dibujo. La sangre normanda rompe en tempestuoso oleaje por sus venas. La tormenta es su elemento. Cuando no la encuentra en la vida, la condensa en su propia conciencia. Cuando la acción no le ofrece bastantes huracanes, los busca en sus pasiones; y cuando no se los ofrecen sus pasiones, en sus ideas. Necesita vivir al borde mismo del abismo, sobre cuatro tablas que van a deshacerse, deslizándose entre un oleaje hirviente y espumoso, azotado el rostro por el huracán y los nervios por las chispas del rayo. Su conciencia es como una tromba furiosa que despedaza su propio corazón. Las tinieblas de las noches eternas de tal manera caen sobre su alma, que a veces todo lo ve malo, todo lo cree perdido, y lo que más malo ve, lo que imagina más perdido, es su propio ser. De aquí esa irritabilidad, esa duda, esos contrastes, un pedazo de cielo asomado por los grupos de apiñados nubarrones; una plegaria viniendo tras una blasfemia, como la brisa tras el huracán.

Pero no solamente es normando por la raza a que pertenece; es inglés, perfectamente inglés, por la nación en que ha nacido. ¿Cuál es la facultad característica del inglés? La personalidad, la individualidad. El inglés necesita que la ley consagre la integridad y la totalidad de su persona; que el hogar lo aísle de sus semejantes; que su propia conciencia sea la mediadora entre el tiempo y la eternidad, entre la tierra y el cielo; que la propiedad le sirva como de pedestal, y que la vida se desarrolle en él a su cuenta y riesgo, merced al aguijoneo de su actividad, excitando sus aptitudes, alimentando la fiereza contenida en el principio de la propia responsabilidad. Pues bien: Byron, antes que todo, es una personalidad. Cuanto puede impedir el crecimiento, el desarrollo de esta personalidad, le molesta y lo derriba: fe, leyes, costumbres, límites de nacionalidad, preocupaciones de raza. Quiere vivir sólo en su conciencia, con su pensamiento en el mundo creado por su propio espíritu, tronando como un Dios y viendo hasta las leyes de la naturaleza plegarse a su omnipotente libertad. Jamás ninguna raza odió a un hombre como la raza británica a Byron; jamás ninguna raza representó con más fidelidad en sus cualidades características, y sobre todo, en su orgullosa individualidad.

Pero al lado de estas cualidades del Norte, Byron tenía cualidades esencialmente meridionales. Nuestro sol había deslizado sus rayos por aquel espíritu, le había impreso fuertemente su ósculo de fuego. Era una personalidad británica, vaciada en el mármol de Paros, bajo cuya frialdad aparente se encierra un rescoldo de divino calor. Sobre esas piedras se mecen las rojas flores de las adelfas, a las orillas de los torrentes, como convidando a los poetas con laureles. La combinación de cualidades diversas explican en Byron los bruscos cambios de su estilo, y las formidables antitesis de su pensamiento. Pero al mismo tiempo explican su culminante facultad, la más alta y la más imperiosa, la sensibilidad. No tenia, no, la flema británica. Una emoción pasaba con tal fuerza por todo su ser, que le dejaba ardientes quemaduras. Parecía que el mundo social, sobre todo, no se comunicaba con él sino por medio de botones candentes, cuyo contacto le hacía gemir, aullar, como un condenado, retorcerse y espumajear como un epiléptico. La luz no hiere con tanta fuerza los ojos que acaban de recobrar la vista, como hería al poeta la sociedad de su tiempo.

Y, sin embargo, amaba las sensaciones. Creía que vivir era sentirlo todo, experimentarlo todo: pasar por los diversos grados del calor de la vida universal; sumergirse en el hondo mar, como los peces, y recorrer los picos nevados, como las águilas; revolcarse en las hojas secas del otoño, hollar las nieves del invierno, fundirse al calor del sol en el verano, y volar como la mariposa entre las flores en la primavera; ser el peregrino, errante, sin fin, desde la Alhambra al Vaticano, desde el Vaticano al Partenón, desde el Partenón a las Pirámides; ser el orador que lucha en la tribuna y el pendenciero que lucha en las calles; ser el aristócrata, el lord que goza con el recuerdo de sus blasones, con el orgullo de su origen, y el demócrata, el tribuno que protesta contra todas las tiranías y reclama todas las libertades; ser cenobita y epicúreo, casto y voluptuoso, escéptico y creyente, criminal y apóstol, enemigo de la humanidad y humanitario, ángel y demonio, como si fuera su espíritu el continente inmenso de todas las ideas y de todas las cosas; su ser, el resumen de toda la vida, su personalidad, el protagonista del gran escenario del Universo, de la gran tragedia de la Historia.

Y he aquí otra de sus cualidades culminantes: referir el mundo entero a sí. Esa grande fuerza que tienen ciertos genios para objetivar sus ideas y sus sensaciones, jamás la tuvo Byron. Cantaba lo que sentía: la nube pasando sobre su conciencia, la chispa recorriendo el arpa de sus nervios, el amor de su corazón, la duda de su mente, la esperanza de sus deseos, según los grados de su salud, de felicidad, de placer, de dolor, experimentados en su vida, que era su poema. De aquí, como ha observado muy justamente Enrique Taine, en su bella obra de Historia de la Literatura Inglesa, la monotonía, la uniformidad de sus personajes, todos tocados de la uniforme enfermedad del poeta. Pero de aquí también, esa viveza de colorido, esa fuerza de expresión, ese maravilloso aroma de sentimiento, esa realidad vigorosísima con que brotan sus cánticos, reproduciendo toda el ser del poeta en cada una de aquellas cadencias, estremecimiento, latidos de su corazón. Y nada nos atrae, especialmente a nosotros, hijos de un siglo que ha sobreexcitado la sensibilidad, nada nos atrae como el latido de un corazón.

Y siendo tan subjetivo, pocos hombres son tan simbólicos, pocos reflejan mejor su tiempo. ¿Cuál era el estado de aquellos días primeros del siglo, en las obras de Byron contenido, representado? Era la incertidumbre. Habíamos, sacudido las viejas creencias y no encontrado aún las nuevas. Pasábamos de la libertad a la reacción, y de la reacción a la libertad, por cambios bruscos. La revolución acababa de arruinar una sociedad, y sobre esas ruinas se levantaba aún el espectro, el esqueleto de la Edad Media, con la corona cesárea sobre la frente, pidiendo venganzas, y reclamando conquistas. Los pueblos, en su angustia, trataban de unirlo todo, de mezclarlo todo, religión y filosofía, democracia y aristocracia, autoridad antigua y constituciones modernas, en el pandemonium del eclecticismo y del doctrinarismo. El espíritu sin fe, se quejaba al cielo de su esterilidad y se retorcía entre los anillos de la serpiente que se llama duda. De un extremo a otro de Europa corría un genio incomprensible, elevado desde la plebe al Imperio, sembrando una tempestad de guerras, que sólo servía para aumentar las tinieblas; genio ya sombrío, ya relampagueante; de un lado Robespierre con cañones castigando a los reyes y estableciendo despóticamente el Contrato Social con los pueblos; pero de otro lado Cario Magno ungido por el Papa, rodeado de un feudalismo militar horrible, reedificando los tronos y los privilegios, recomponiendo el antiguo Sacro Romano Imperio. El cielo que Laplace había visto lleno de mundos, pero vacío de espíritus, era repoblado por Chateaubriand con ángeles de talco que llevaban en los labios, no la sencilla letanía antigua, sino la sentencia de una retórica académica. La libertad inglesa se ponía a servicio de la Santa Alianza. El sepulturero de Polonia, medio iluminada y medio loco, se imaginaba el Bautista de la libertad universal y se moría de ambición y de rabia, sin saber dónde ir, ni qué hacer con sus cien millones de esclavos. Los déspotas invocaban la Santísima Trinidad para que bendijese el cadalso de Hungría, de Venecia, de Milán, de Nápoles, de la hermosa, de la divina Grecia, entregada al gran Turco para divertimiento y alegría de su serrallo. Todos los reyes del Norte prometían la libertad, cuando necesitaban la sangre de sus pueblos, y todos olvidaban la libertad así que esa sangre fecunda había producido el día de Waterloo. La literatura vacilaba, como todo, en esta vacilación universal, y vacilaba, sobre todo, porque la literatura tiene y guarda la sensibilidad por excelencia y representa su tiempo mejor que ningún otro elemento social. No sabía dónde ir a beber sus inspiraciones. La fuente de Helicona, que había fecundado los espíritus republicanos del antiguo mundo, era maldecida en nombre de la libertad, y reedificados en nombre de la libertad los castillos góticos que sólo habían visto siervos hundidos en el polvo de sus terruños. Y al mismo tiempo, pasaba por los fríos huesos de los mártires que la libertad contaba en Grecia, en Italia y en España la galvanización de revoluciones rápidas como una tormenta de estío. ¿Dónde iréis a buscar el representante de esta crisis moral? ¿Quién será el Dante de este infierno donde se enroscan los círculos de fuego con los círculos de hielo? ¿Será Lord Byron? Leed sus poemas, y allí leeréis al par su tiempo. Parece que el espíritu conturbado de esa edad, ha ido a referirle sus angustias entre carcajadas y sollozos, entre plegarias y blasfemias, entre acentos sublimes y dicharachos de bufón, ebrio de ideas unas veces, y otras de vino, con los crueles dolores que producen siempre las vacilaciones de la incertidumbre y de la duda.

Nadie ha sabido expresar como Lord Byron el estado de su tiempo, con sólo copiar el estado de su espíritu. Encerrado en su independiente individualidad, indócil a todo yugo, incapaz de entregar su alma a la dirección de pensamientos que no brotaran del fondo de su propia conciencia, creído de que en el seno de su ser se hallaba el manantial de su vida, y de que podía levantar la frente sobre todos los hombres, respirar fuertemente el aire, pensar fuera del espíritu humano por un supremo esfuerzo, se fijaba inmóvil, como en su centro de gravedad, en el cielo inmenso, lo veía y reveía sembrado de esperanzas, lo poblaba y repoblaba con las luminarias de sus ideas, transformándose en lo infinito, como el frío hierro se transforma al contacto del fuego en candente brasa; pero de pronto el barro detenía y cortaba su vuelo; y entonces, revolviéndose contra sí mismo, saltaba dentro de la estrecha tierra como prisionera ave en su jaula, encendía su sangre con el hervor de sus maldiciones, se clavaba las uñas en el pecho hasta arañarse el corazón, y se convertía en nefasta sombra, como un ángel que, después de haber asistido con el arpa en las manos delante de Dios al florecimiento de los mundos por la inmensidad llena de vida, se encontrara súbitamente sólo, mudo, desterrado, tronchadas sus alas bajo el sudario de espesas tinieblas, en desierto planeta de hielo.

Entonces no hay tragedia comparable a la tragedia de su corazón. Se necesita subir hasta Jeremías para encontrar en la literatura universal un poeta que sepa lanzar como él la voz de los sepulcros, repetir como él la elegía de las ruinas. El dolor de Thamo, el piloto de Plutarco, en cuyos oídos murmuraba el Dios Pan su agonía por el Cabo Miseno, no fue tan poético, tan profundo como el dolor de Byron, al atravesar las orillas de Grecia, despobladas de dioses y pobladas de esclavos. Foscari no pudo amar a Venecia como él la ama, no pudo sentir el lamento de la llorosa laguna adriática como él lo siente y lo repite, cuando al lado del palacio de los Dux y de los Plomos, en el sombrío puente de los suspiros, alzado como un catafalco sobre el oscuro canal henchido de agua semejante a verde hiel, la gran ciudad se dibuja a sus ojos como un gran cadáver. Los tribunos romanos llorarían como él llora sobre la desolación de Roma. No conoce de las ideas sino las sombras, no siente de la historia sino las catástrofes, no gusta de la vida sino el acíbar. Nuestras dudas, nuestros dolores, elegía que salta a borbotones de nuestro corazón al ver cada vez más lejana la libertad de nuestro suelo, más estrecho el camino del progreso, más utópicas nuestras nobles aspiraciones hacia el bien; este desencanto de millares de hombres que han querido alzar una tribuna para su idea, y sólo han alzado un cadalso para su persona; que han querido ensanchar la patria en el Universo, y sólo han logrado el destierro; esta pena aguda como un puñal clavado en todos los grandes reformadores de Europa, ha tenido en ese genio del desengaño su poeta.

Es verdad que su familia y su vida han contribuido en mucho a este furor, especie de mayorazgo, como su nobleza, como su sitio en la Cámara de los Lores. Pero también es verdad que él ha hecho de sus dolores los dolores de su siglo. Extraña historia y extraña genealogía la suya. Su tío ha matado a uno de sus parientes. Su padre ha robado a la primera mujer y engañado a la segunda, a la madre de Byron. Esta ha muerto de una apoplejía a consecuencia de una pesadumbre. Los amigos a quienes adoraba el poeta, han muerto jóvenes, desolando su juventud. La mujer por la cual sintió el primer amor, se ha casado con otro, y el recuerdo de esta pasión de su infancia le llena de veneno el corazón. Apenas encuentra, el día que llama a la puerta de los Lores de Inglaterra, quien salga a recibirle y saludar su naciente gloria. La crítica le flagela. Se lanza a un viaje, y la ruina de su hacienda le obliga a volver a su patria. Se enamora de una escritora célebre, y este amor es una fuente de desgracias y de calumnias. Se casa, y su mujer le abandona. Tiene una hija, y esta hija crece y se educa lejos del corazón y del amor de su padre. Tiene una patria que ha de contarle entre sus glorias, y esta patria le maldice. Se transforma en Italia al beso de aquel sol en tribuno, siente la necesidad de la acción, monta su navío, corre a Grecia a pelear por la libertad, y apenas llega, muere.

Decidme si hay algo más triste en la historia. Parece este hombre uno de esos héroes, antiguos que nacen condenados a la fatalidad. Parece uno de esos gladiadores traídos de las montañas de Grecia jóvenes, hermosos, cuya alma está llena de cánticos, cuyo cuerpo es un modelo de escultura, distinguidos por los emperadores, acariciados por las damas romanas, y que tienen por toda suerte divertir una tarde a Roma con su dolor y su agonía entre las garras y los dientes de la fiera. En vano evadirse a la fatalidad que le persigue; en vano quiere huir de sus penas, dé sus tristezas, como Orestes de las Eumenides. La tierra es su patíbulo, la vida es su tormento, la inspiración es una corona de fuego, el amor es una cadena insoportable; cada belleza literaria que sale de sus manos, se vuelve contra él; cada día le trae un nuevo dolor; cada acción buena se le convierte en una espina clavada sobre el corazón; su madre lo amamanta con hiel, su patria con maldiciones; sus propios amigos le calumnian, su propia mujer le niega el cariño, le es ingrata; y después de haber corrido casi toda Europa, después de haber gustado casi todas las emociones de la vida, no encuentra más lenitivo a su dolor que una muerte bebida en la copa de los dioses, una muerte a los treinta y seis años, que es un heroico suicidio.

Byron ha cultivado los tres géneros de poesía: la lírica, la dramática, y por no decir la épica, diré el poema, distinto en verdad de la epopeya. Pero así como su carácter es eminentemente subjetivo, como sus personajes son todos nubes de su propio espíritu, formadas por los vapores de los sentimientos que batallan en el océano del corazón; su poesía, la poesía propia y particular de su genio, es la poesía lírica. El mayor filósofo de los tiempos modernos ha calificado la poesía lírica de eminentemente sujetiva; la poesía de Byron es la más lírica que yo conozco. No presenta el mundo, como Goethe, en sí mismo, en su existencia, en sus leyes y en sus fenómenos; lo presenta tal como se aparece a su alma, tal como se asoma al abismo de su pensamiento. No se desposee de sí al entrar en el teatro. Nada tan monótono ni tan uniforme como sus dramas. Nada menos dramático. Cada uno de sus personajes puede llamarse un coro que entona un himno, una oda, una elegía. El diálogo apenas tiene movimiento, porque es la mitad de su idea hablando con la otra mitad, un pedazo de su corazón discutiendo con otro pedazo. Todo diálogo suyo se junta en un pensamiento; todo personaje se desvanece en un alma; toda, acción se funde en una vida: en el pensamiento, en el alma, en la vida de Byron. Y como una sola vida, por grande que parezca, gira sobre una sola idea, sus dramas no son para la escena, faltos de variedad y de movimiento. Parecen casi todos esas grandes poesías orientales, como el libro de Job, como los Apocalipsis, en que los seres materiales e inmateriales entablan armoniosamente un diálogo sin fin con el inspirado profeta que los descubre en ardientes visiones y les presta el ritmo de sus ideas.

Las primeras poesías, las que tan cruelmente criticó la *Revista de Edimburgo*, apenas anuncian el poeta de quien son aurora. Hay subjetivismo, pero no hay grandeza. Byron, feliz, se hubiera perdido en el coro de tantos poetas como han rizado dulcemente un día el lago de la vida ordinaria. Byron, desgraciado, se distingue de todos los poetas, como Satanás se distingue de todos los ángeles. Su poesía, serena a veces, pero iluminada por un relámpago siempre, tiene mucho de fascinadora. La tempestad de sus versos es tan ruidosa, que no hay medio de apartar la atención de aquel estridor sublime. El poema por excelencia de Byron es el

Manfredo. Henri Taine lo ha comparado con Fausto, y ha dicho que *Manfredo* es el poema de la individualidad y Fausto el poema de la humanidad. Yo llamaría a *Manfredo* el poema del sentimiento y a *Fausto* el poema de la idea; a *Manfredo* el poema de la naturaleza y a *Fausto* el poema, de la historia.

Uno y otro representan el desencanto que hay en la limitación de la vida humana. Fausto se cansa después de haber pensado, y Manfredo después de haber vivido. El uno va a la muerte como conviene a un doctor alemán, después de haber gustado la medicina, la alquimia, las ciencias teológicas, la filosofía también, y haberle sabido todas a ceniza. El otro va a la muerte después de haber sentido, de haber luchado, de haber amado en vano; después de haber subido la escala gigantesca formada por los Alpes, sin hallar otra cosa que el viento helado quejándose eternamente, la escarcha cayendo, los pinos tronchados por las nieves, el frío desierto de cristal donde se acaba la vida, el hondo abismo donde se acaba la luz; allá abajo los hombres como insectos, allá arriba las águilas formando círculos sin fin, e hiriendo la inmensidad con sus gritos de hambre; espectáculo que le recordaba otra desolación, la noche de luna en que holló la tierra del coliseo sin encontrar más que ortigas sobre las ruinas, búhos sobre las ortigas, los cuales lanzaban su monótona elegía en las cenizas mezcladas de los mártires y de los gladiadores, igualmente dispersas por los vientos.

Para apartar a Fausto del suicidio se necesita que la voz del campanario gótico cante la aleluya de Pascua, y suene el coro eclesiástico de la resurrección; para salvar a Manfredo se necesita la mano real y poderosa de un cazador de gamos, agarrándole al borde mismo del precipicio. El uno, después de haber gustado la nada del amor real, invoca a Helena, la hermosura clásica, por la cual se desangró la hermosa Grecia y ardió la soberbia Troya; quiere probar el voluptuoso adulterio de que naciera la civilización del arte, la madre eterna de los dioses y de los hombres. El otro, después de haber gustado también la nada de los amores y de las ambiciones, quiere ver las ninfas de la naturaleza, la que duerme en las urnas eternas de nieve, la que agita su cabellera en la catarata, la que gime en la vibración de los pinos, la que tiene sobre las nubes un palacio de ópalo formado por el incierto reflejo del crepúsculo, y la que tiende sus blancas formas en el límpido seno del Océano descansando su cabellera de algas entrelazada con perlas, en almohadas de conchas y corales.

Así es que Fausto ha recorrido el Oriente con sus teogonías, ha saludado las estatuas clásicas, ha ido desde el abismo del pensamiento, donde tejen la trama de la vida material todas las ideas madres, hasta la cúpula de la gótica iglesia que envía a los cielos el aroma del incienso, el himno del órgano, el eco vibrante de la oración; y Manfredo ha ido del castillo feudal a la montaña, de la montaña a la guerra, de la guerra a la caza, porque Fausto es el pensamiento de la historia universal, y Manfredo es la acción de la universal vida. En el poema del uno gimen todos los siglos, y en el poema del otro todos los seres; en el poema del uno, se recorren todas las páginas escritas desde el nacimiento de la luz en la Biblia, hasta el nacimiento del papel moneda en las cajas de los judíos; y en el poema del otro se ve la esencia de todos los elementos, desde la que se levanta de las aguas hasta la que se levanta de las lágrimas. Entre estos dos poemas, que el uno abraza la historia y el pensamiento, mientras el otro abraza la naturaleza y la vida, cabía un tercero que abrazara la sociedad y sus luchas. Acaso había reservado el siglo esta grande gloria a mi patria, según colijo del magnífico vestíbulo trazado por la mano de Espronceda y que se llama el Diablo mundo, obra no acabada, no concluida, como no está aún acabada, como no está aún concluida la construcción de nuestra sociedad.

El poema de Goethe y el poema de Byron concluyen ambos en la muerte. El poema de Goethe y el poema de Byron tienen junto al protagonista, su compañero inseparable, el mal. Sólo que Byron, como eminentemente individualista, lleva el mal cual un cáncer de su conciencia y de sus entrañas; lleva el mal encerrado dentro de su pensamiento, pegado como una piel de fuego a sus carnes; difundido como plomo hirviente, como corrosivo infinito, por su sangre; dibujado con todas sus deformidades y todos sus horrores en las retinas que, a manera de dos soles de tinieblas y de muerte, manchan y desgastan todas las cosas.

Goethe no, Goethe es el filósofo que observa el mal y que lo acepta en el límite de la naturaleza y de la vida humana, como un compañero inseparable del bien, como la antítesis que determina le tesis, como la sombra que sigue a la luz, como la fiebre que resulta del exceso de la vida, como el aguijón que liba la miel, como el dolor que pare, como la duda que crea, como la negación que define y afirma. Byron siente el mal y. Goethe lo piensa. En la esfera del sentimiento, la contradicción del bien y del mal existe. Byron va, pues, en una nube tempestuosa, donde batallan dos electricidades opuestas; que ambas le sacuden con todos sus manojos de rayos todos los nervios, y le encienden con su fuego invisible toda la sangre. Goethe, inmóvil como el Júpiter de Fidias; forrado con el bronce de toda la vida humana, puesto en las alturas de la historia, ve con indiferencia completa pasar el mal como una nube, que si oscurece cierta porción de tierra, también refresca y refrigera otra; como una duda que, si conturba un instante a los espíritus apocados, acera y prepara a la verdad los espíritus vigorosos; como una ironía, que si quita solemnidad al canto eterno del arte, también le da esos tonos varios y discordes, sin los cuales no podría resultar la armonía de la belleza, esos toques de sombras, sin los cuales no podrían resaltar los colores en el cuadro del alma.

Cuando se piensa superficialmente, cuando no se entraña la idea en el fondo de la vida, se suele decir ¿á qué estos poemas, desenlazándose el uno en el sepulcro y el otro en la eternidad? Pero sois ciegos de corazón, ciegos de espíritu, siempre que os revolvéis airados contra esas grandes obras del dolor y del martirio, contra estas grandes obras de grandiosos espejismos que para otro siglo son ideas. Sin la contradicción, no tendrías la vida. La historia de la ciencia es una prolongada serie de ecos diversos. Así que nace un genio preguntando, nace otro respondiendo. Sin la desesperación de Job, no hubierais tenido el bálsamo del Evangelio. Sin las maldiciones del Prometeo de Esquilo, no os hubierais sentado al banquete de Platón. Sin la duda de los sofistas, Sócrates no hubiera podido revelaros la conciencia humana. Sin la ironía de Voltaire, que desgastaba un mundo, los profetas de otro mundo no hubieran subido, coronados de ideas, a la tribuna de la Asamblea Constituyente para confiar al huracán y a la tempestad el germen divino de los derechos del hombre. Se entra en la verdad por la duda, por la desesperación, como se entra en la vida por el dolor, con las lágrimas en los ojos y los sollozos en el pecho. El que nace sin llorar, nace muerto. El siglo que no duda, es porque no pregunta, y se necesita importunar a la verdad con preguntas, como a Dios con oraciones. Por uno de esos poemas llegaremos a saber que somos los hombres, estos reptiles tan impotentes para subir como para bajar en la escala de la vida, unos con el Universo; por el otro de esos poemas, sabremos que este espíritu invisible, impalpable, semejante al aliento de un cadáver, este espíritu humano es uno con toda la historia, uno con todos los siglos y puede aspirar a la eternidad.

La verdad es que ambos poetas sacan de las cosas creadas, de su barro, la miel de sus ideas. La verdad es que, después de haberlos leído, después de haber destrozado vuestro corazón con sus dolores, vuestra inteligencia con sus dudas, vuestra fe con sus negaciones, deducís la enseñanza moral de que en la realidad grosera, manchada, discorde, no está la vida ni la verdad, sino allá en las cumbres eternamente serenas de las esencias inmortales. Y así como después de las sombras de la noche, el mundo recibe más alegre, más renovado, más cantor, la visita del sol que devuelve sus colores a las plantas, su voz a las aves; después de haber pasado en espíritu por estas hondas cavernas del pensamiento, veis asomar la faz de Dios, que devuelve la facultad creadora, la fe vigorosa con su luz invisible, pero penetrante, a vuestra alma. En todos esos poemas hay dos coros de ideas, uno que se sumerge en las sombras, que canta en las tempestades, que es el sollozo de los seres limitados revolcándose en el mal, y otro que se alza a la luz, que repite las armonías de las estrellas, y que tiene la vista fija, como las *Concepciones* de Murillo, en la contemplación del Supremo bien. Muchas veces, muchas os habrá sucedido en la vida, andar bajo una nube espesísima cuando discurría por las grandes montañas, sentir sus tinieblas cayendo como un sudario sobre vuestro cerebro, su rayo dando chasquidos como el látigo de la muerte a vuestro lado, y después vencer aquella cuesta, acercaros a la cima, y descubrir el cielo azul sobre vuestras cabezas, el sol resplandeciente reflejándose en el cendal purísimo de la nieve, y del otro lado la nube como un vapor indeciso en el iris sobre sus alas. Así vienen a ser estas grandes obras de arte. Cuando el desgraciado Manfredo de Byron ha concluido su batalla con los elementos; cuando su espíritu inquieto lo arrastra hacia el mundo invisible; cuando sólo queda de él un despojo yerto, yo dejo el libro con el corazón oprimido por el dolor, con los ojos caldeados por el ardor del pensamiento, y en seguida, por una contradicción natural en el ánimo, veo brillar la Inmortalidad, como la Virgen Madre que se presenta a los muertos, esos recién-nacidos, y les enseña con sus dedos rosados, como los dedos de la Aurora de Homero, la mansión etérea de la eternidad escondida en los arreboles del cielo e iluminada por la presencia de Dios.

Extraño genio en verdad Lord Byron, normando, sajón, británico, individualista: y a pesar de todos estos caracteres particularísimos, universal. Cuando nos describe el palacio de un gobernador de Albania, el patio de mármol en cuyo centro salta el surtidor sombreado por los cipreses con las oscuras ramas cargadas de jazmines y de rosas, que han trepado hasta su copa; el ejército de esclavos y de soldados, griegos unos, negros otros, vistosos todos por sus trajes, feroces todos por su continente, cargados todos de armas; cuando aplica el oído para escuchar al través de los muros si el corazón de la pobre mujer mahometana palpita fuertemente en la jaula del serrallo, si suspira su pecho destrozado por la soledad y por los celos, cualquiera cree leer un poeta de Oriente. Pero de pronto, sus ojos se nublan, su corazón se estremece, la tempestad que ha mecido la cuna de su raza le persigue, las nubes que fueron las madres de los normandos le abruman, el viento silba como un clarín en sus oídos acostumbrados al mugir del oleaje, al grito del ave marina; los dioses hechiceros, semejantes a bandadas de murciélagos, resucitan en tropel por las oscuras cavernas de su alma; y entonces, a la luz del relampagueo de su conciencia, describe ese día en que el sol no vino a la tierra y los hombres abrasaron todas las cosas combustibles para alumbrarse hasta que todos murieron envueltos en cenizas: gigantesco recuerdo de aquellos apocalipsis escandinavos inspirados por las eternas sombras de las noches polares, a los bardos del Norte. Pero el aire se aclara; la luna se levanta extendiendo sus velos de argentada gasa; las costas se bajan y se dibujan como si fueran un abierto escenario; la menuda arena las dora, y en la arena resaltan las conchas brillantes como fragmentos de ópalo; el agua celeste, ligeramente rizada por las brisas, se conmueve al salto del juguetón delfín y al roce de las ligeras alas de la gaviota: por las hendiduras de los Talles la adelfa crece entre las piedras y se abrazan la vid y la higuera; por los límites del horizonte se confunden el cielo y el mediterráneo, mirándose el uno en el otro, devolviéndose mutuamente sus reflejos; y en aquella soledad tan poblada de voluptuosos encantos, se pasean D. Juan y Haydee convirtiendo las cavernas en palacios, entregándose libremente al goce infinito de su pasión inspirada por el ardor de su doble juventud, sin mas testigos que el crepúsculo rosado como las mejillas de la virgen griega al recibir el primer beso del amante y sin más pensamiento que perderse, abismarse en su felicidad, como si fuera el amor toda la vida y en el amor debiera sorprenderle la muerte. ¿No es ese un poeta del Mediodía?

La verdad es que el viento revuelto, el torbellino de los hechos que apenas podemos comprender, lanza hoy a todos los poetas por la faz de la tierra para que transformen la poesía particular, la poesía de raza, en la poesía universal, en la poesía humana. No es Byron el único desterrado, el único que ha ido a pedir inspiraciones al mudéjar alcázar de Sevilla, al gigantesco esqueleto del Coliseo, a las ruinas del Partenón. Chateaubriand ha recorrido desde los sepulcros de Jerusalén, donde yacen las sociedades antiguas, hasta la catarata del Niágara, que mece la cuna de las nuevas sociedades. Goethe se ha desprendido de las selvas del Norte para besar, peregrino de la religión del arte, los mármoles griegos bajo los arcos triunfales del Vaticano. El rayo ha lanzado la cuna de Víctor Hugo a España y el sepulcro de Víctor Hugo a Inglaterra, para que tenga su oriente en el genio de Calderón y su ocaso en el genio de Shakespeare, Hugo Foscolo, con su sangre griega y su poesía italiana, ha cantado entre las brumas de los mares del Norte. El Rin acarició la infancia de Heine y el Sena lloró sus agonías como si fuera su genio el ánfora única donde pudieran encontrarse esas dos corrientes enemigas teñidas con tanta sangre.

Mazzini escribe sus profecías sociales desde Londres. Quinet medita sobre el apocalipsis de la Revolución a las orillas de Seman, y en frente de los Alpes, sobre ese pequeño átomo de tierra llamado Suiza, que la libertad ha convertido en el mundo inmenso de la fe y de la esperanza, en el refugio de la virtud y de la conciencia. Todos esos grandes poetas no son, no, fantasmas que la naturaleza forja para que los dispersen el dolor y la desgracia. Ese coro de aves misteriosas, de aves celestes que traen el alimento de lo ideal en su pico, y el eco de lo infinito en su cántico, van por el mundo para mecerse en todos los vientos, para beber todos los jugos de la madre tierra, para oír todos los poemas de la historia, para formar, por fin, la Ilíada del porvenir, la Ilíada del trabajo sustituyendo a la guerra, la Ilíada del derecho sustituyendo al privilegio, la Ilíaca de la humanidad, en que cada pueblo formará un coro y entonará un cántico.

Cuando un poeta que es tan profundamente individualista y de tan pura raza sajona como Byron, ha podido transformar su genio en el arco donde se descomponen todos los matices del espíritu humano, ¿qué no podrán hacer, qué no podrán intentar los hijos de razas más humanitarias, dotados de carácter más flexible, y con la conciencia más empapada en la sublime concepción de un Ideal Humanitario? De todos modos, el gran genio que ha vivido repitiendo la inmensa escala de los cánticos de todos los pueblos, y que ha muerto joven, malogrado, por aquel pueblo que fue el verdadero iniciador de la libertad, el verdadero poeta de la historia, el artífice de la personalidad humana, el revelador de la conciencia, bien merece ser contado en la Biblia de los progresos humanos entre nuestros profetas y nuestros mártires. Ha errado mucho, pero también ha sido el eco de un siglo incierto. "Te perdono, porque has amado mucho," puede la historia decirle. Y nuestra edad, el principio del siglo, al descubrir la cabeza apolínea de Byron, cruzada de rayos y de sombras, podrá exclamar: "He ahí mi imagen, he ahí mi símbolo."

(París, 1868.)

Ivan Turguenev:
Hamlet y Don Quijote

Manuel Azaña:
Cervantes o la invención del Quijote

Émile Zola:
Balzac, explorador de lo humano

Wilhelm Dilthey:
Satanás en la poesía cristiana

Amelina Correa Ramón:
El escritor Isaac Muñoz

Ramón Gómez de la Serna:
Gérard de Nerval, una vida

Sainte Beuve:
Madame de Staël (1766-1817)

Benedetto Croce:
Ariosto y el Orlando furioso

Madame de Staël:
Viaje a Rusia

Aldous Huxley:
La vulgaridad en literatura

Victor Hugo:
William Shakespeare

Mark Twain:
¿Ha muerto Shakespeare?

André Gide:
Oscar Wilde: in memoriam